珍《ちん》獣《じゅう》ドクターのドタバタ診《しん》察《さつ》日《にっ》記《き》

動物の命に「まった」なし！

田園調布動物病院院長
田向健一

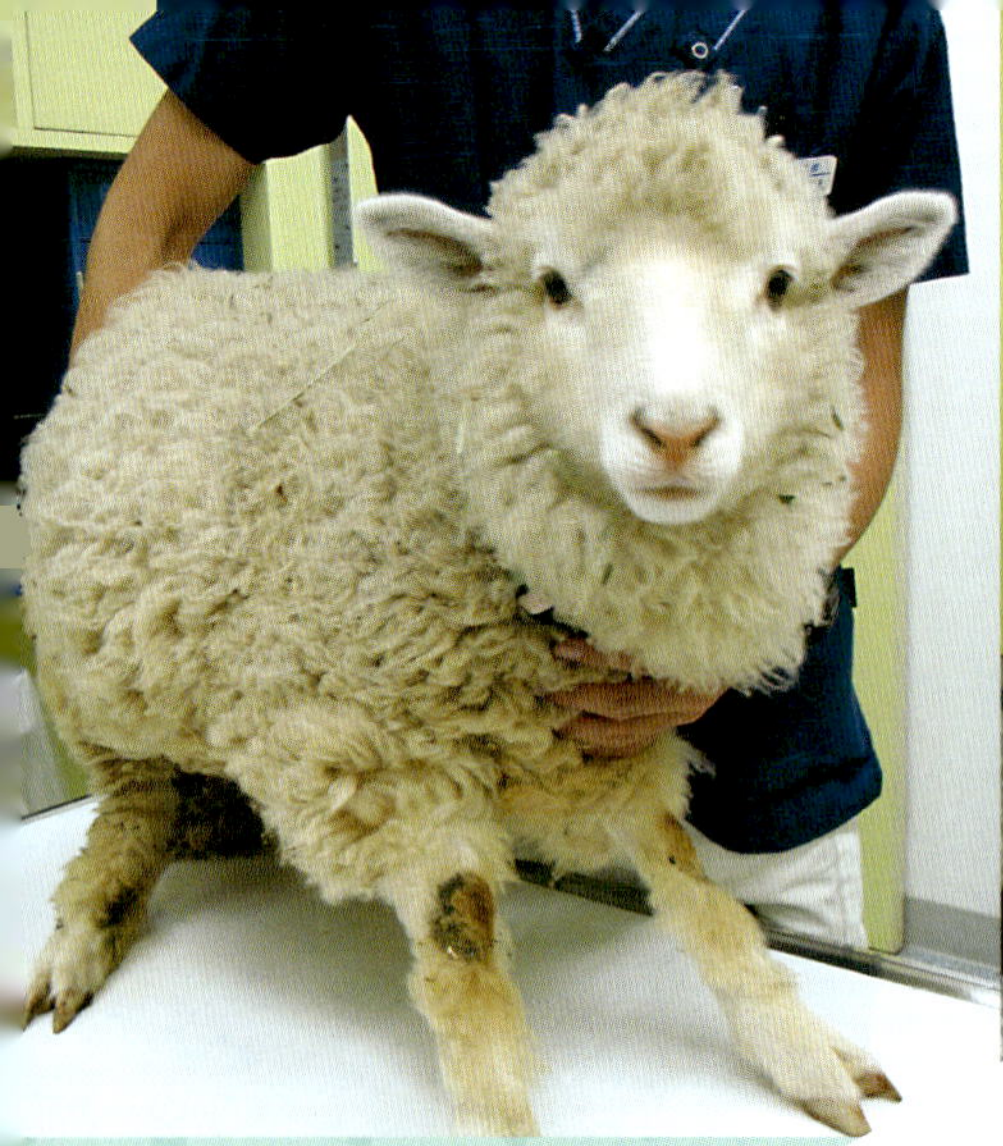

ドタバタ診《しん》察《さつ》室《しつ》

カンガルー、ヒツジ、コウモリ、ペンギン……動物病院には、毎日さまざまな種類《しゅるい》の動物がやってきます。

▲もう毒《どく》を持つ、アメリカドクトカゲ。卵《たまご》がつまって来院。 P.46

▶動物園からやってきたアリクイ。マヨネーズが大好物《だいこうぶつ》。 P.20

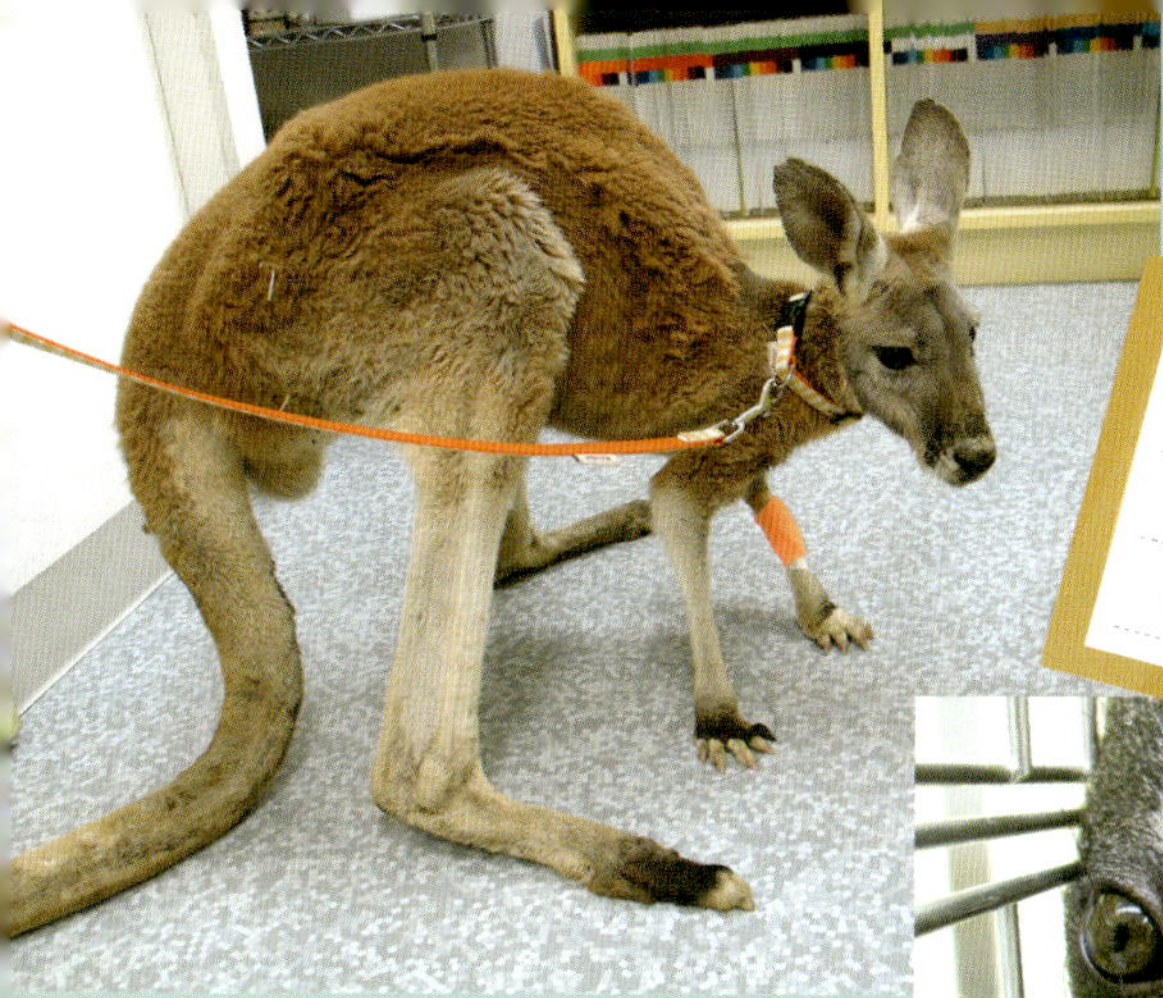

▼強いあごをもつビントロング。（別名《べつめい》クマネコ） P.46

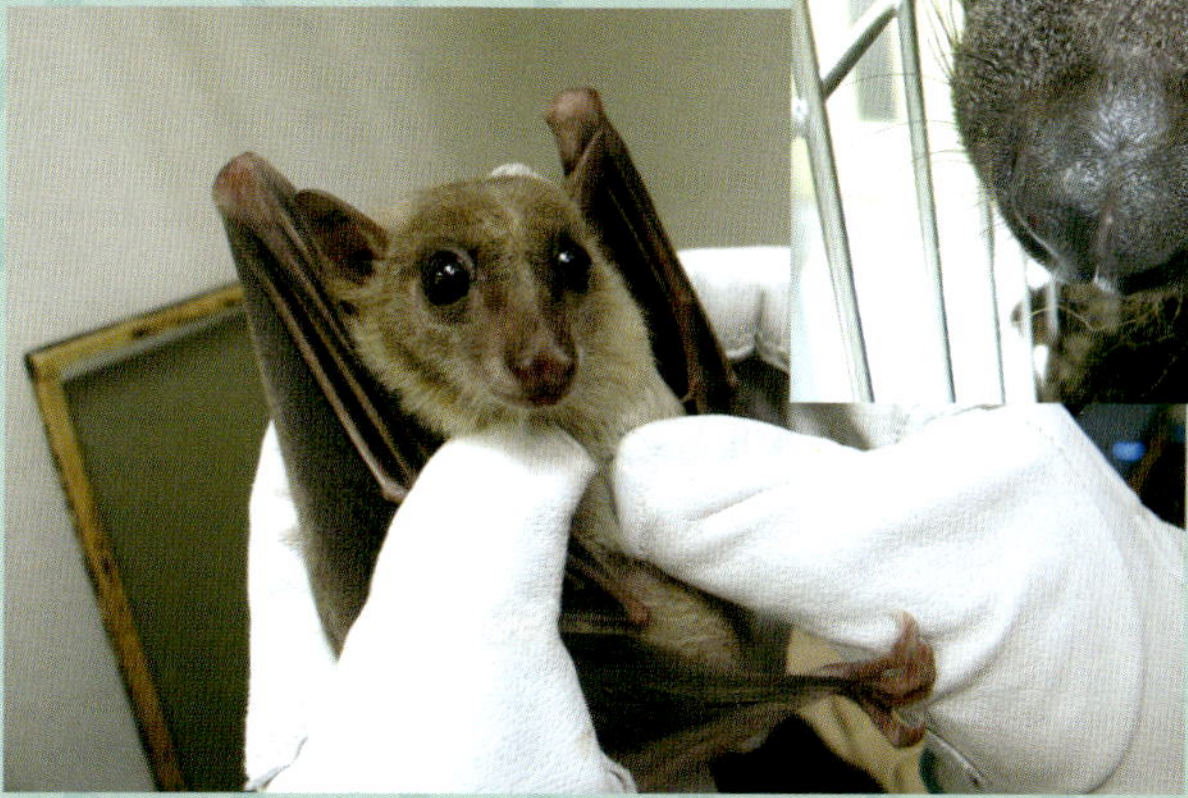

◀ペットシーツを飲みこんだヘビ。 P.17

▲4歳《さい》のころ、1人で
砂あそびに夢中《むちゅう》。

田向先生
成長《せいちょう》日記

おさないころから、たくさんの
生きものとふれあってきました。

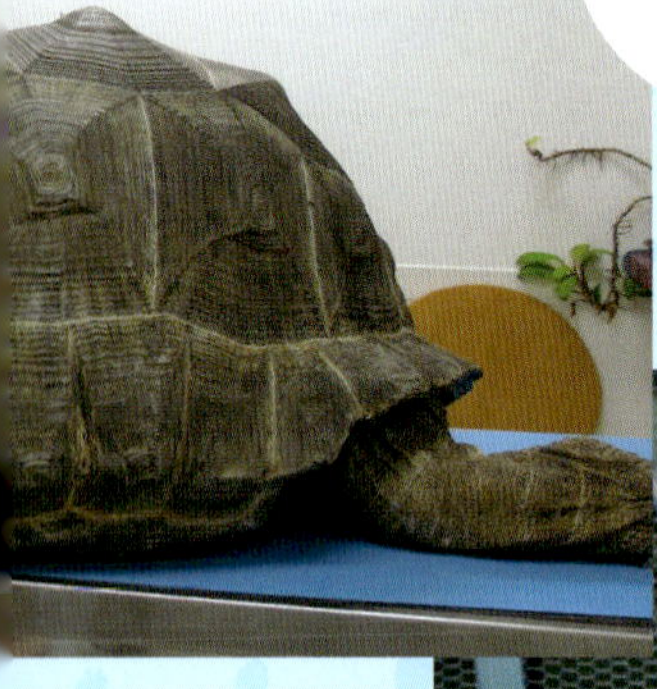

▶9歳《さい》、動物園で
大きなヘビとあそぶ。

▲大学時代、
チンパンジーと。

▲大学時代アマゾンにて、
ナマケモノと現地《げんち》の子ども。

◀中学生のとき、テスト勉強
をがんばって買ってもらった
グリーンイグアナと。

P.67

▶▼小石を飲みこんだ体長わずか2センチのアマガエル。おなかを切って、石をとりだした。

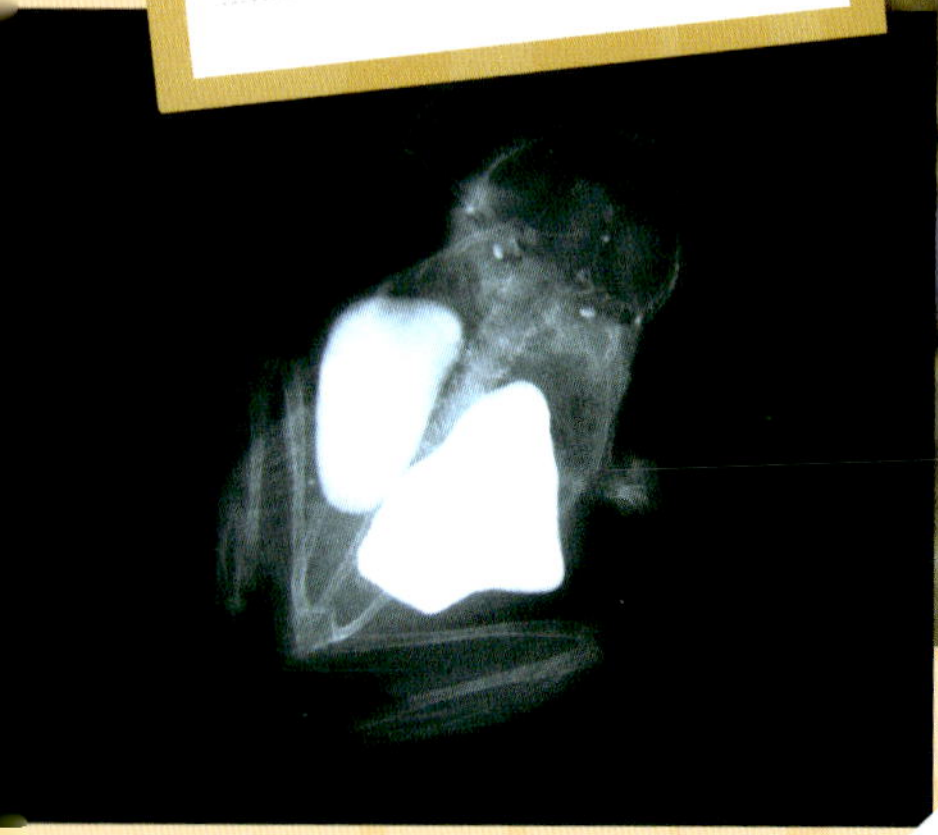

どきどきの手術《しゅじゅつ》

大きさも、すむところもちがう生きもの、それぞれに合わせた治療《ちりょう》は、いつもどきどき。

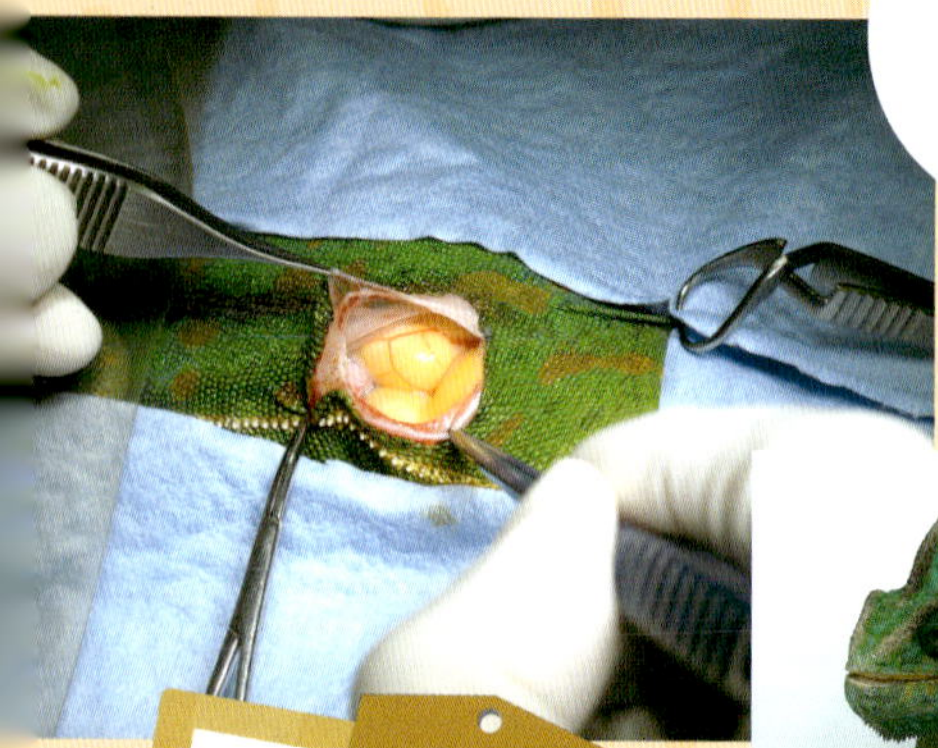

▲▶カメレオンのおなかにパンパンにつまった卵《たまご》をとりだす手術《しゅじゅつ》。

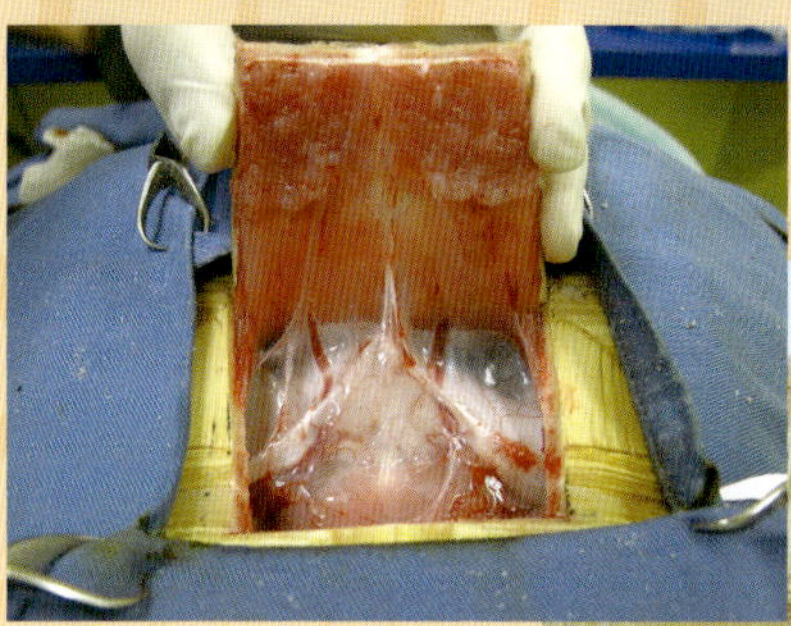

▲▶オリジナルの手術方法《しゅじゅつほうほう》で、大きな結石をとりだした。 P.38

▲▶えら呼吸《こきゅう》の動物のためにスポンジをけずってつくった手術台《しゅじゅつだい》。 P.37

▲▶捨《す》てられた子ねこをひきとり、育てた子どもたちと、自由研究。P.146

家《か》族《ぞく》になった動物

飼《か》い主《ぬし》のいない動物が、病院にやってくることも……。

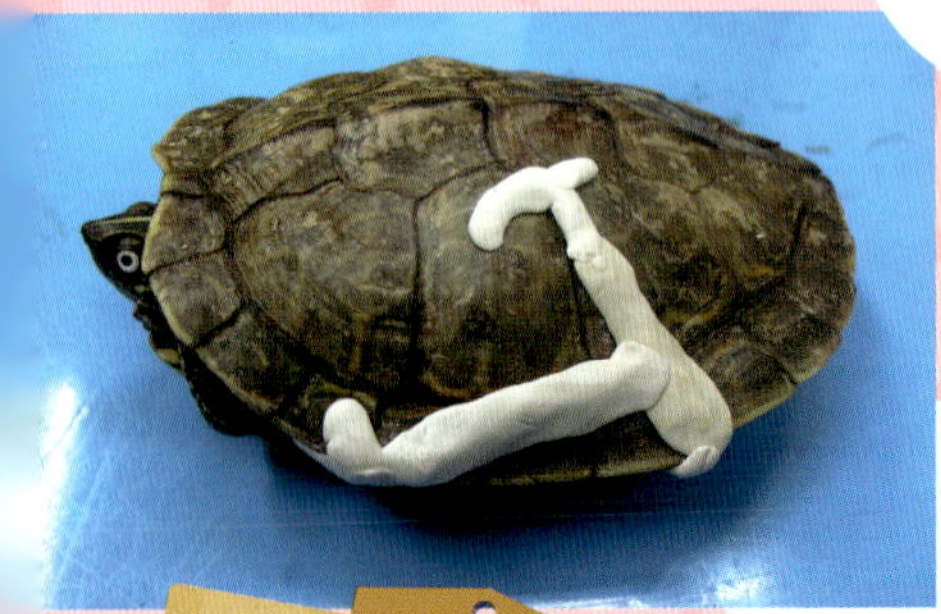

▲▶こうらがバキバキに割れていたカメも、治《ち》療《りょう》して元気に。P.147

プロローグ　動物病院のあわただしい毎日

　ある日の昼、ぼくは手術室《しゅじゅつしつ》で、シバ犬のわき腹《ばら》にできたガンの手術にのぞんでいました。メロンぐらいの大きさの、とても大きなガンです。ハサミを使ってゆっくり、ゆっくりはがしていくのですが、少しはがすだけで、血があふれてきます。

　血管《けっかん》をはさんで血を止め、また少しはがすと、べつのところから血が出てきます。

「うわ、まただ……」

　こんなに血が出るケースは、多くはありません。ガンは大きく成長《せいちょう》するときに、まわりの血管をとりこんでいくのです。ようやくガンをとりだし終わったとき、すでに手術開始から二時間がたっていました。でも、手術は「悪いところをとったら終わり」ではありません。

今度は、ガンをとりだすために開いた皮膚《ひふ》を、きっちり閉《と》じて、ぬいあわせなければなりません。メロン大のガンをとりだすために開けた、直径《ちょっけい》二十センチメートルのあなを閉じるのは、容易《ようい》ではありません。少しずつ、あなのまわりの皮膚を引っぱって、ぬっていきます。

開けたあなをうまく閉じられるかどうかは、やってみるまでわかりません。じつはこの日は、もう少しかんたんにぬいあわせられるだろう、と思っていました。しかし、いざ閉じるときになると、皮膚が全然《ぜんぜん》のびてくれません。むりやり引っぱると、手術後《しゅじゅつご》にきず口が開いてしまいます。できるだけ、きず口に力がかからないように、バランスよく、すきまをうめていく作業は、悪いところをとるのと同じぐらい、集中力と根気が必要《ひつよう》なのです。

夢中《むちゅう》でぬいあわせていると、「ピンポンピンポン」と、病院のドアが開く音が聞こえてきました。まもなく四時、午後の診察《しんさつ》がはじまる時間です。また体に不調《ふちょう》をかかえた動物が、飼《か》い主《ぬし》さんに連《つ》れられてやってきたようです。あせる気持ちをおさえながら、百針《ひゃくはり》にもおよぶきず口をぬいおえたときには、診察《しんさつ》開始の五分前になっていました。

ぼくも、アシスタントの先生も、看護師《かんごし》さんも、みんなへとへとです。十二時すぎに午前の診察を終えたあと、急いでお昼ごはんを食べて、ずっと手術をしていたので、かれこれ三時間以上《いじょう》立ちっぱなしでした。

でも、ぼくたちの都合で診察をおくらせるわけにはいきません。待合室《まちあいしつ》にはすでに数人の飼《か》い主《ぬし》さんが、具合の悪いペットを不安《ふあん》げに見まもりながら、まっています。急いで手術着《しゅじゅつぎ》をぬいで、診察室に移動《いどう》します。

その午後、最初《さいしょ》の患者《かんじゃ》さんはプレーリードッグでした。プレーリードッグには歯の根っこがはれてしまう病気があります。すると、鼻の奥《おく》にある空気の通り道が圧迫《あっぱく》され、息がしづらくなってしまうのです。窒息《ちっそく》してしまわないように、手術でひたいにあなを開け、空気の通り道を作るのですが、このあなも、しばらくするとかさぶたができて、小さくなってしまいます。この日やってきたのは、小さくなったひたいのあなをほじくり、ふたたび息がしやすくなるように、処置《しょち》をするためでした。

つづいて、診察室《しんさつしつ》に連《つ》れられてきたのはコッカースパニエルという種類《しゅるい》の中型犬《ちゅうがたけん》です。この犬はたれ耳で、耳の中の空気の通りが悪いため、すぐに耳がくさくなってしまうのです。耳そうじをすると、気持ちよさそうに帰っていきました。

それが終わると、今度は口内炎《こうないえん》のアオジタトカゲ。二、三日前に、「口のまわりにブツブツができて痛《いた》そうです」と連れてこられていて、今回で二回目の診察です。前回は、飼《か》い主《ぬし》さんに消毒薬《しょうどくやく》のぬりかたを教え、様子を見てもらっていました。薬が効《き》いているようで、何日かでずいぶんよくなっています。

次に来たのは、体重一キログラムの子ぶたでした。生まれてまもないあかちゃんで、今後の飼育《しいく》の相談と、健康診断《けんこうしんだん》のために連れてこられたようです。今はてのひらにおさまる子ぶたも、数年後には六十キロくらいになります。六十キロといったら、人間の大人《おとな》の体重。

「あっというまに大きくなりますよ」

そんな話をしながら、聴診器《ちょうしんき》で呼吸《こきゅう》や心臓《しんぞう》の音を聞き、ぶじ健康《けんこう》に生まれてきたことを確認《かくにん》しました。

今度は、クマみたいに大きなレオンベルガーという種類《しゅるい》の犬。見た目はこわそうですが、とってもおだやかな性格《せいかく》をしています。この日は、逆《さか》まつげをぬくためにやってきました。逆まつげとは、眼球《がんきゅう》に向かって生えてしまうまつげのこと。人間でもときどきありますが、目で見るのがやっとの短いまつげでも、目に入ると、かゆかったり痛《いた》かったりします。二人《ふたり》がかりで犬の体をおさえ、まつげを一本一本ぬいていきます。「いつかぼくの目が見えづらくなったら、ぬいてあげられなくなるなあ」なんて思いつつ、ていねいにぬいてやると、さっそうと歩いて帰っていきました。

その後も、げりをしているハムスターや予防注射《よぼうちゅうしゃ》をうちにきたねこ、歯がのびすぎてしまってごはんが食べられなくなったウサギなど、夜八時に病院が閉《し》まるまで、いろいろな動物たちが次つぎにやってきました。

ときには、急いで治療《ちりょう》をしないといけないペットも来ます。

「先生、うちの子が血をはいて動きません！　今から連《つ》れていってもいいですか？」

飼《か》い主《ぬし》さんからそんな電話がかかってくると、病院に緊張《きんちょう》が走ります。準備《じゅんび》を整え、到着《とうちゃく》をまちます。

病院に到着したとき、その犬はすでに意識《いしき》がありませんでした。口のまわりについていたのは、血ではありません。心臓《しんぞう》の病気が悪化し、肺《はい》にピンク色の体液《たいえき》がたまっていたようです。その体液が口から出てきたのを見て、飼い主さんは「血をはいている」とかんちがいしたのでしょう。すぐに処置《しょち》をしましたが、意識はもどらず、亡《な》くなってしまいました。

また、べつの日には、夜八時、診療《しんりょう》がまもなく終わるという時間に、体重十キログラムの大きなオスのねこを連《つ》れた飼《か》い主《ぬし》さんがかけこんできました。

「先生、うちの子、おしっこが出なくなっちゃいました！」

ねこはおしっこの中の成分《せいぶん》がかたまりやすく、とくにオスのねこはおしっこが通る管《くだ》が細くて、つまってしまうことが多いのです。おしっこは、それ自体は毒《どく》ではないのですが、体の外に出せなくなると、死んでしまう危険《きけん》があります。その日のうちに緊急手術《きんきゅうしゅじゅつ》したところ、何日かすると元気になり、退院《たいいん》できました。

ある年のおおみそかには、体長二メートルほどのオオトカゲが、若《わか》い男性《だんせい》に連れられてやってきました。えさをはいたそうで、ずいぶん遠くから、車をとばしてきたそうです。毎年おおみそかは、午前中に診療《しんりょう》を終え、ゆっくりすごそうと思っているのですが、「お正月の休みが明けてから来てください」と言うわけにもいかないので、その日のうちに手術をすることになりました。

こういうとき、いつも思います。

「動物の命に、おおみそかもお正月も関係《かんけい》ないよな……」

そんなあわただしい日もあれば、パタッとだれも来なくなる日もあります。台風の日、雪の日、大雨の日。天気が悪いと、病院に動物を連《つ》れてくるのもたいへんですし、動物にも負担《ふたん》がかかります。しかし、そんなゆったりとした時間もつかのま、天気が回復《かいふく》するや、また飼《か》い主《ぬし》さんが具合の悪いペットを連れてぞくぞくとやってきます。

この本では、そんな、たいへんだけどやりがいのある動物病院の毎日と、動物たちの命の話をしていきましょう。

珍獣ドクターの
ドタバタ診察日記
もくじ

第3章 獣医《じゅうい》になってわかったこと

第4章

命を飼《か》う、ということ

コラム

ブックデザイン　根本佐知子（梔図案室）
イラストレーション　イケウチリリー
編集協力　田中奈美

第1章

めずらしい動物が集まる病院

診察《しんさつ》した動物は、百種類以上《ひゃくしゅるいいじょう》

まずはじめに、ぼくとぼくの病院のことを、少しお話ししましょう。ぼくは大学で獣医《じゅうい》になる勉強をして、二〇〇三年に田園《でんえん》調布《ちょうふ》動物病院を開業しました。この本を書いている時点で、もう開業十四年になります。十四年というと、この本を読んでくれているみなさんは生まれる前かもしれません。長いと思うかもしれないけれど、ぼくにとってはあっというまでした。

獣医になる前、大学で勉強していたときから、一つ、決めていたことがあります。

それは、「いろんな動物をみられる獣医《じゅうい》さんになろう」ということです。獣医なのだからあたり前じゃないかと思うかもしれません。でも、ぼくが獣医をめざした約《やく》三十年前、動物病院といえば、犬とねこのためだけの病院でした。

今では、ウサギやハムスターなどの小さな動物を診察《しんさつ》できる病院もふえてきましたが、それでも数はあまり多くありません。それに、トカゲやヘビなどのは虫類《ちゅうるい》や、カエルのような両生類、あるいはもっとめずらしい動物をみてくれる病院は、今でもとても少ないです。

でも、ペットショップにはたくさんの種類《しゅるい》の動物が売られているし、ペットとして飼《か》われている生きものもいろいろです。ぼく自身、おさないころから生きものが大好《だいす》きで、犬やねこ、インコのほかに、つかまえてきた昆虫《こんちゅう》から、通《つう》信販売《しんはんばい》で買ったイグアナまで、たくさんの動物を飼ってきました。だから、開業したときに、どんな動物でもみる努力《どりょく》をしようと思ったのです。

病院には、毎日いろいろな動物がやってきます。犬やねこはもちろん、ハムスター、ウサギ、ネズミ、モモンガ、サル、ブタ、ヤギ、カエル、ヘビ、カメ、トカゲ、金魚、イモリ、ときにはキツネの仲間《なかま》のフェネック、カンガルーの仲間のワラビーや、アリを食べるアリクイ、サンタさんが連《つ》れていることで有名なトナカイ、アライグマの仲間でサルみたいな顔をしたキンカジュー。ふつうの人は見たことも聞いたこともないような、めずらしい動物までやってくることがあります。今までに診察《しんさつ》した動物は、百種類《ひゃくしゅるい》をこえるでしょう。

病気やケガを治《なお》すだけではない!

どんな動物でもみなさんと同じように、病気になったりケガをしたりします。たとえば「かぜ」。ウイルスによっておこる呼吸器《こきゅうき》の病気を、ぼくたち人間はまとめてかぜとよびますが、人間以外《いがい》のさまざまな動物も、かぜにかかります。犬はかぜにかかりにくいといわれていますが、ねこやリクガメのかぜは、人間よりも治りにくく、死んでしまうことだってあります。

病院にやってくる動物の病気で、多い病気はガンでしょう。体重三十グラムのハムスターから四十キロの大型犬《おおがたけん》、ウサギやヘビ、カエルや魚まで、種類《しゅるい》や大きさに関係《かんけい》なく、みんなガンになります。以前《いぜん》、おなかに大きなできものができた金魚がやってきて、調べたらガンだったことがありました。手術《しゅじゅつ》して悪いところをとったけれど、残念《ざんねん》ながら助かりませんでした。

飼育《しいく》されているペットならではの病気というのもあります。たとえば、食べてはいけないものをまちがって飲みこんでしまう動物。

以前、ヒモで遊んでいるうちに、ヒモを飲んでしまった犬がやってきました。もしもヒモが腸《ちょう》でグルグルまきにからんでしまうと、命にかかわるため、急いで手術をしてとりださないといけません。

ほかにも、えさのネズミといっしょにペットシーツをまるごと飲んでしまったヘビ、水槽《すいそう》の温度計をパックンしてしまったカエル。じつにいろいろな動物のおなかから、いろいろなものをとりだしてきました。飼育する水槽の中に砂《すな》やじゃりをしいて飼うのも危険《きけん》です。見た目はきれいに見えますが、えさといっしょに飲みこんで、おなかにたまると弱ってしまいます。

卵《たまご》づまりも、ペットならではの病気です。鳥やトカゲやカメなどは、飼育環境《しいくかんきょう》においては、卵がつまりやすくなってしまいます。どんなにがんばっても、自然《しぜん》とまったく同じ環境で飼《か》うことはできませんから、卵を作るサイクルがくるってしまったり、体の中で卵が大きくなりすぎて産《う》めなくなってしまったりすることがあるんです。

動物のことをよく知らないまま飼いはじめて、病気にさせてしまう人もいます。たとえばサル。スローロリスという小さなサルは、見た目もかわいらしくて人気がありますが、かれらはあんなにかわいい顔で、コオロギなどの昆虫《こんちゅう》をムシャムシャ食べます。飼い主さんの中には、「虫は気持ち悪いからあげられない」という人もいて、果物《くだもの》しか食べさせなかったために、必要《ひつよう》な栄養《えいよう》が足りなくなって、病気にさせてしまうこともあります。

また、サルは頭がいいので、一度おいしいものを食べると、それしか食べなくなってしまうこともよくあります。そうなると、飼い主さんが一生懸命《いっしょうけんめい》、栄養のバランスを考えてごはんをあげても、食べてくれません。するとやっぱり栄養《えいよう》がかたよって病気になってしまいます。そういうときは、どうしたらサルがごはんを食べてくれるようになるか、ぼくもいっしょに考えて、飼《か》い主《ぬし》さんにアドバイスをすることもあります。

連《つ》れてこられた動物について、好《す》きなえさを教えたり、食べたがるけれど体によくないものをつたえたりするのも獣医《じゅうい》の役目。だから、獣医の仕事というのは、病気やケガを治《なお》すだけではありません。どうしたら動物にとってよい飼い方ができるか、飼い主さんの相談にのることも大切な仕事なんです。

たとえばえさの話であれば、地面にしいた砂《すな》をえさといっしょに飲みこんでしまうことがないよう、小皿に入れたり、コオロギなどの虫を食べる動物であれば、一匹《ぴき》ずつピンセットでつまんであたえたりする方法《ほうほう》を教えます。

ぼくたちは、医学的《いがくてき》なことだけでなく、さまざまな動物の生活についても、きちんと勉強しているのです。

食欲《しょくよく》不振《ふしん》をふっとばす！

すきやき風冷凍《れいとう》マウス

ヘビやトカゲには、冷凍《れいとう》したネズミ（マウス）も人気。さらに、アメリカドクトカゲは卵《たまご》の黄身《きみ》が大好《だいす》き！　食欲《しょくよく》がないとき、とき卵に冷凍マウスをくぐらせると、ぱくっと食いつきます！

ダイエットの敵《てき》!?

酸味《さんみ》がポイント・マヨネーズ

アリクイはマヨネーズが大好《だいす》き。アリクイの大好物《だいこうぶつ》のアリは、「蟻酸《ぎさん》」というすっぱい液《えき》を体に持っています。
マヨネーズのすっぱさが、この味ににているのです。

自分のペットが何を好《す》きなのかを知っておくと、いざというときに役だちます。
ただし、好きだからといって同じものばかり食べさせると、栄養《えいよう》がかたより、病気になってしまうので、注意してくださいね。

コラム 1

動物たちの 意外な ごちそう

みなさんは、体調が悪いとき、何を食べますか？
体調が悪いときこそ、口から栄養《えいよう》をとらないといけません。
食欲《しょくよく》がないときには、好物《こうぶつ》をあげてみましょう。
それをきっかけに、元気をとりもどしてくれるかもしれません。

動物界の定番メニュー、コオロギ

コオロギは、たくさんの動物にとって魅力的《みりょくてき》な食べものです。たとえば、トカゲ、タランチュラ、ハリネズミ、アロワナ、フェネック、ヘビ、スローロリス、カエル……などなど。食べる側《がわ》の大きさにあわせて、食べやすいサイズのコオロギをあげましょう。

症状《しょうじょう》をつたえられない動物たち

動物の病院には、人間の病院とちがうところがいろいろあります。その中で、一番大きくちがうところはどこかわかりますか？　それは、動物は人間とちがって、自分で「足が痛《いた》い」「昨日《きのう》から気持ち悪くて」と話すことができないということです。ですから、飼《か》い主《ぬし》さんから、「最近《さいきん》、ごはんをあまり食べない」「元気がないみたい」「昨日からずっとはいている」という話を、しっかり聞きださなくてはいけません。

そのあと、聴診器《ちょうしんき》で胸《むね》やおなかの音をきいたり、体をさわったりして、はれたり、痛そうにしていたりする場所がないかを確認《かくにん》します。レントゲン撮影《さつえい》やエコー（超音波《ちょうおんぱ》）検査《けんさ》をすることもあるし、血液《けつえき》検査をすることもあります。でも、動物はおとなしく検査をさせてはくれません。みなさんも、病院で血をぬかれたり、お医者さんに体をさわられたりするのは、痛いし、こわいし、いやでしょう。動物もそれは同じなんです。それに、言葉が通じませんから、ぼくらがどれだけ、動物に「こわくないよ」「痛《いた》くないからね」と言っても、わかってくれません。

おうちではいつもおだやかで、飼《か》い主《ぬし》さんが「うちの子、おとなしいですよ!」というワンちゃんやネコちゃんでも、病院に来ると、こわさのあまりあばれたり、獣医《じゅうい》や看護師《かんごし》さんをかんだりひっかいたりします。おかげで、ぼくらはいつもきずだらけです。

「治《なお》してあげるからじっとしてて!」

そう思っても、残念《ざんねん》ながら、その思いは動物にはとどかないのです。

動物のお医者さんは、なんでも屋さん

もう一つ、人間のお医者さんとちがうところは、いろいろな動物のいろいろな病気を、一人の先生が全部みなくてはいけないということです。これはなか

なかたいへんです。

人間の病気は、薬で病気を治《なお》す内科、手術《しゅじゅつ》をする外科《げか》、目の病気をみる眼科《がんか》や、耳や鼻の病気をみる耳鼻科《じびか》、それにおかあさんがあかちゃんを産《う》むための産科《さんか》や、虫歯を治《なお》す歯科というように、それぞれ専門《せんもん》の先生がいます。

でも、獣医《じゅうい》は一人《ひとり》で、おなかが痛《いた》いのも、食べたものをはいているのも、ガンも、骨折《こっせつ》も、目や耳が悪いのも、それから虫歯だって治療《ちりょう》します。

たとえば、ウサギの虫歯。ウサギはもともと、牧草《ぼくそう》のような草を食べるだけで十分なのですが、あまいフルーツが大好《だいす》きです。よろこんで食べるからということで、ついついあげすぎてしまうと、虫歯になって歯がボロボロになってしまいます。

おもしろいことに、動物には、虫歯になりやすい動物と、そうでない動物がいます。犬やねこは虫歯になりにくいです。でも、そのかわり歯の表面に、歯石というかたくて茶色い石のようなものがこびりついて、歯ぐきがボロボロになってしまいます。

そうならないための予防法《よぼうほう》は、人間といっしょ。ちゃんと歯みがきをすること。ペット用の歯ブラシも売っています。でも、小さいころから口の中に物を入れられることになれていないと、なかなか口を開けてくれません。飼《か》い主《ぬし》さんはどうすることもできず、歯がグラグラになって、痛《いた》くてごはんを食べられなくなってから、病院にやってくるのです。

そんなとき、ぼくらは歯医者さんになります。でも人間の歯医者さんのように「あーんしてください」と言っても、やっぱり、動物は口を開けてくれません。手術《しゅじゅつ》のときと同じように、全身麻酔《ますい》をかけて、しばらくねむってもらって治療《ちりょう》します。動物は、ちょっとした歯の治療でも、おおごとになってしまうんです。

ときには、あかちゃんをとりあげる助産師《じょさんし》さんになることもあります。ふつうは飼い主さんの家で産《う》むのですが、なかなかあかちゃんが生まれてこない、難産《なんざん》のことがあります。そういうときはぼくらの出番です。

おなかの中で大きく育ちすぎてしまって、どうしても自然《しぜん》に生まれてこないときは、帝王切開《ていおうせっかい》という、おなかを切る手術《しゅじゅつ》をして、あかちゃんをとりだすこともあります。この手術は犬に多いのですが、リスザルという小さなおサルさんや、四十キログラムもあるヒツジの帝王切開をしたこともありました。

そのほかには、おうちではあばれてしまうねこの耳そうじや、針《はり》だらけの体を丸めてつめきりをさせてくれないハリネズミのつめきり、太りすぎておしりの毛づくろいができなくなったウサギのおしりそうじなど、飼《か》い主《ぬし》さんができないお世話の手つだいをすることもあります。

こうしてぼくは毎日、内科の先生になったり、外科《げか》の先生になったり、ときにはお世話係になったりして、あわただしくすごしています。

あわただしい毎日と、休日のリフレッシュ

病院の一日は、だいたい朝八時にはじまります。まず、スタッフが出勤《しゅっきん》して準備《じゅんび》をはじめます。いまは三人の獣医《じゅうい》と五人の看護師《かんごし》が交代ではたらいてくれ

ています。ぼくは八時半に病院に来て、最初《さいしょ》に入院中の動物たちの様子をみます。多いときには、十匹《ぴき》くらい入院していることもあります。

午前の診察《しんさつ》は午前九時から午後一時まで。一時間のお昼休憩《きゅうけい》のあと、午後二時から四時までは手術《しゅじゅつ》の時間です。毎日のように手術がありますが、まれに手術がないときは、こうやって本を書いたり、病気のことを勉強したりします。

ときには、とてもむずかしい病気の動物が来ることもあります。そういうときは、大学の専門《せんもん》の先生に、治療《ちりょう》をお願《ねが》いすることもあります。さきほど「獣《じゅう》医《い》は一人《ひとり》でなんでもみる」と書きましたが、獣医の勉強をする大学には、むずかしい病気を治療する動物病院があり、そこには人間のお医者さんと同じような専門のお医者さんもいます。こうした先生は、ぼくたちみたいな町の獣医ではみられないたいへんな病気の診察、治療をしてくれます。

でも、大学病院でみられる動物は、だいたい犬やねこだけ。どんな種類《しゅるい》の動物でもみてくれるわけではありませんから、やはり、自分でいろいろ調べて、治療しなくてはならないことが多いのです。

午後四時から夜八時までは、午後の診療《しんりょう》時間です。診療が終わっても、すぐには帰れません。その日にすませなければいけないような急ぎの手術《しゅじゅつ》をすることもあって、家に帰るのは十時すぎになります。

お休みは週一回、休診日の木曜日。といっても、休みの日も午前中は病院に行くことが多く、なかなか丸一日休むことはできません。お正月も、入院している動物をみなくてはいけないので、まとまったお休みは年に一度きり。家族と旅行できるのは、夏休みの何日かです。

ふだんの気分転換《きぶんてんかん》は、休みの日、家で飼《か》っているカメやトカゲ、熱帯魚《ねったいぎょ》などの水槽《すいそう》を二、三時間かけてきれいにすること。夏の暑い時期には、渓流《けいりゅう》を登って山頂《さんちょう》をめざす沢登《さわのぼ》りも、いいリフレッシュになります。

ぼくは、大学時代に探検部《たんけんぶ》に所属《しょぞく》していました。アマゾンのジャングルに一人《ひとり》で行き、動物やめずらしい魚を探《さが》す探検に行ったことがあります。沢登りは、ふつうの登山とちがい、道のない山の中を、川の流れにそって登っていきます。とちゅうに滝《たき》もありますし、川を泳いでわたったりもします。

水辺《みずべ》にはたくさんの生きものがいて、カエルが寝《ね》ていたり、ヘビが出たり、シカにあったりしたこともありました。そうして「心の洗濯《せんたく》」をしたら、またいそがしい毎日にもどっていきます。

はじめての動物は、作戦《さくせん》が大切

ぼくの病院には、ぼく自身、はじめて見るようなめずらしい動物がやってくることがあります。そういうときは、正直、「どうしよう……」と思うこともないわけではありません。でも、そういう動物は、だいたいどこの病院でも治《ち》療《りょう》を断《ことわ》られてしまい、ぼくのところに来ることがほとんどです。飼《か》い主《ぬし》さんもこまりはてて連絡《れんらく》してこられたのだろうと思うと、できるかぎり、なんとかしたいという気持ちになります。

そういうとき、ぼくがまずやることは、動物図鑑《ずかん》を見ること。その動物のことを、住んでいる場所や食べているものまで、くわしく調べます。それから、日本よりもめずらしい動物の医学が進んでいるアメリカの本や論文《ろんぶん》を調べたりして、どうやって治療《ちりょう》したらいいか、一生懸命《いっしょうけんめい》考えるのです。

幸い、病院にやってくる動物は、ほ乳類《にゅうるい》、鳥類、両生類、は虫類、魚類くらいです。見た目がどれだけちがっても、たとえばほ乳類同士なら、体の中身はそれほど大きくちがいません。心臓《しんぞう》、肺《はい》、胃《い》、腸《ちょう》、肝臓《かんぞう》、じん臓といった臓器《ぞうき》は、基本的《きほんてき》に同じ構造《こうぞう》をしています。

ですから、はじめて見るような動物でも、それと同じ仲間《なかま》の動物で、これまで治療したことのあるものを思いだし、その方法《ほうほう》を応用《おうよう》すれば、まったく治療ができないわけではないんです。

このあいだは、動物園からアリクイの治療をたのまれました。アリクイは、以前《いぜん》に一度診察《しんさつ》したことがありましたが、そのときは水分補給《ほきゅう》の点滴《てんてき》をしただけでした。今回は、おしりから腸がとびだしていて、急いで全身麻酔《ますい》をして、治療する必要《ひつよう》がありました。

全身麻酔というのは薬を使ってねむらせて、意識《いしき》がない状態《じょうたい》にすることです。

薬の量《りょう》が少なければ麻酔《ますい》がかからず、手術《しゅじゅつ》のときに動いてしまいますし、多すぎれば呼吸《こきゅう》が止まり死んでしまいます。はじめての動物は、どのくらいの量の薬を使ったらいいかわかりません。

「アリクイの麻酔、どうしよう……」

獣医《じゅうい》になりたての若《わか》い先生なら、こまってしまうかもしれません。でも、だいじょうぶ。アリクイはほ乳類《にゅうるい》です。犬やねこに麻酔をかけるときの分量を基《き》準《じゅん》にして、アリクイの体重から必要《ひつよう》な麻酔の量を計算すればいいのです。

こんなふうに、めずらしい動物でも、基本に立ちかえって冷静《れいせい》に考えれば、治療《ちりょう》の方法《ほうほう》は見つかります。

カエルの奇跡《きせき》

ただ、誤解《ごかい》してほしくないのは、どんな動物でも、かんたんに病気が治《なお》せるわけでは絶対《ぜったい》にない、ということです。「どうしたらいいんだろう」となやむこと、こまることは、本当にたくさんあります。

さきほどの麻酔《ますい》の話も、ほ乳類《にゅうるい》の場合は「こうすればいい」という方法《ほうほう》がわかっています。でも、トカゲやカメのようなは虫類や、カエルのような両生類は、ほ乳類のようにはいきません。

かれらは、ぼくたちほ乳類とちがって、麻酔がなかなか効《き》きません。また、一度麻酔にかかると、覚《さ》めるのもゆっくりで、なかなか起きてきません。麻酔をかけるのが、とてもむずかしいのです。少し前、メスのヒキガエルの手術《しゅじゅつ》をしたとき、こんなことがありました。

このカエルは、卵《たまご》を作る卵巣《らんそう》が病気になって、それを手術でとりのぞく予定でした。カエルの麻酔には、魚に使う麻酔薬を使います。魚はえら呼吸《こきゅう》をしているので、麻酔をかけるときは、水に麻酔薬をとかします。カエルは肺《はい》呼吸ですが、皮膚《ひふ》からも呼吸しているので、麻酔薬の入った水につけることで麻酔をかけることができます。ほかの動物は、この皮膚呼吸があまり多くないので、麻酔薬入りの水につけるだけでは、麻酔がかかることはありません。

卵巣《らんそう》をとりのぞく手術《しゅじゅつ》は四十分くらいかかりましたが、ぶじに終わりました。でも、麻酔《ますい》が深くかかりすぎてしまったのか、手術のとちゅうでカエルの呼吸《こきゅう》が止まってしまいました。心臓《しんぞう》はかろうじて動いていましたが、じつはカエルの心臓というのは、解剖《かいぼう》で心臓だけとりだしても、何時間も動いていることがあります。死んでいても心臓が止まるまで時間がかかるので、そのカエルも、心臓が動いているからといって安心できません。というか、本当のことをいえば、ぼくはこのとき、もうダメかもしれないと思っていました。

でも、心臓が動いているあいだは、希望《きぼう》を捨《す》てず、必死《ひっし》で人工呼吸をつづけました。カエルの人工呼吸は、人間や犬、ねことはちがい、自動で空気を送ってくれる専用《せんよう》の機械《きかい》はありません。このヒキガエルの大きさは、八センチメートル。そんな小さなカエルに、犬やねこと同じ量《りょう》の空気をふきこんだら、たちまち肺《はい》が破裂《はれつ》してしまいます。だから、ぼくと勤務医《きんむい》の先生が交代で、そっとポンプを押《お》して、酸素《さんそ》を送りこみつづけるのです。つかれたからといってちょっとでも休むと、カエルは死んでしまいます。ぼくたちは、三時間以上《いじょう》、空気の量《りょう》を調節《ちょうせつ》しながら、慎重《しんちょう》にカエルの人工呼吸《じんこうこきゅう》をつづけました。

しかし、それでも、カエルはピクリとも動きません。

「もうダメだ……死んでしまった」

そんな思いがよぎります。けれど以前《いぜん》、手術《しゅじゅつ》のあと動かず、死んだように見えたヘビが、翌日《よくじつ》になって動きだし、ごはんまで食べたことがありました。

「今回も、もう少し時間がたったら、元気になるかもしれない」

そんな期待を胸《むね》に、様子をみることにしました。すると次の日の朝、そのカエルはケロッと動きだしたのです。びっくりするやらうれしいやら……とにかくほっとしました。その後、ぶじに退院《たいいん》し、今も元気にしているそうです。

は虫類《ちゅうるい》や両生類にはときどきこんな奇跡《きせき》が起こり、命のふしぎさを感じます。

小さいほど、手術のときはドキドキ

たくさんの種類《しゅるい》の動物をみるということは、ものすごく大きさのちがう動物をみるということでもあります。

手術《しゅじゅつ》をした動物で、一番小さかったのは、体長二センチメートル、体重二、三グラムのアマガエル。石を飲みこんでしまい、そのままでは死んでしまうからということで、おなかを切って石をとりだしました。

それよりちょっとだけ大きいのが、体長五センチメートル、体重四グラムのヤモリ。卵《たまご》が体の中で大きく育ちすぎてつまってしまい、手術をしてとりだしました。出てきた卵は一センチくらい。四センチの体の中にそんなものがつまっていたのですから、そのヤモリもさぞかし体が重かったことでしょう。

どちらも元気になって退院《たいいん》していきましたが、手術をしたときは、ドキドキでした。これだけの小さな生きものだと、ちょっと血が出ただけですぐに「出血多量《たりょう》」で死んでしまうからです。血が出ないように手術をしなくてはならず、いつも緊張《きんちょう》します。

また、小さな生きものは検査《けんさ》や手術の道具も工夫《くふう》が必要《ひつよう》です。先ほど人工呼《じんこうこ》吸《きゅう》について書きましたが、動物専用《せんよう》の道具というのはあまりありません。手術のときは、人間の道具を使うことが多いです。それに、動物専用《せんよう》の道具があるものでも、ほとんどが犬・ねこ用です。

道具がない場合は、自分で作ったり、町工場のような会社に作ってもらったりします。たとえば、ハムスターやトカゲなどの小さな動物に麻酔《ますい》をかけるマスクは、プラスチックボトルの先の部分を切って使っていました。最近《さいきん》、樹脂《じゅし》を成形《せいけい》する業者の人に製品《せいひん》にしてもらい、なかなか使い勝手のいいものができたと思っています。

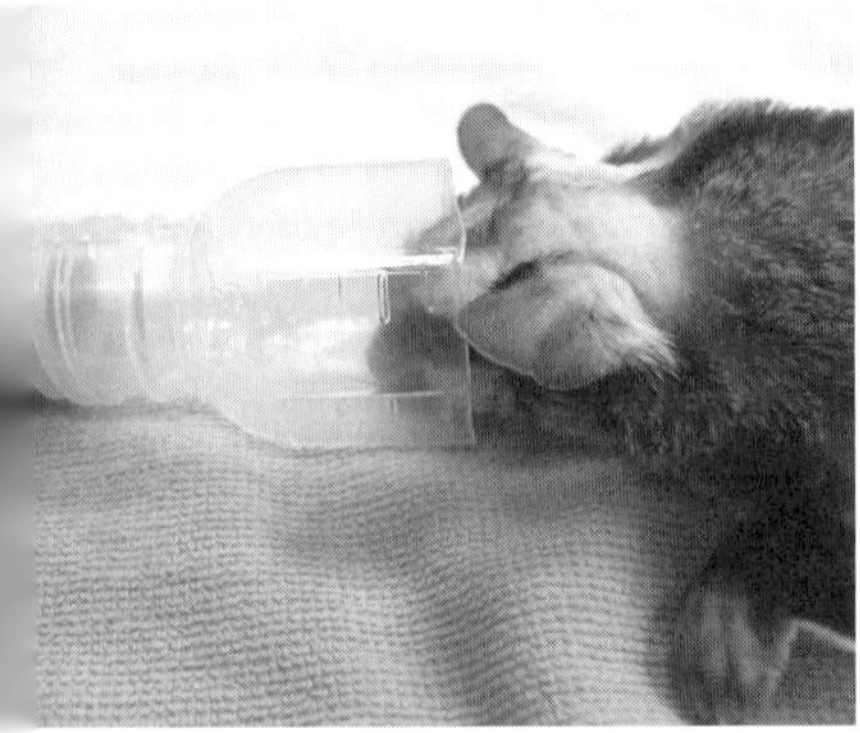
手作りの麻酔《ますい》マスク

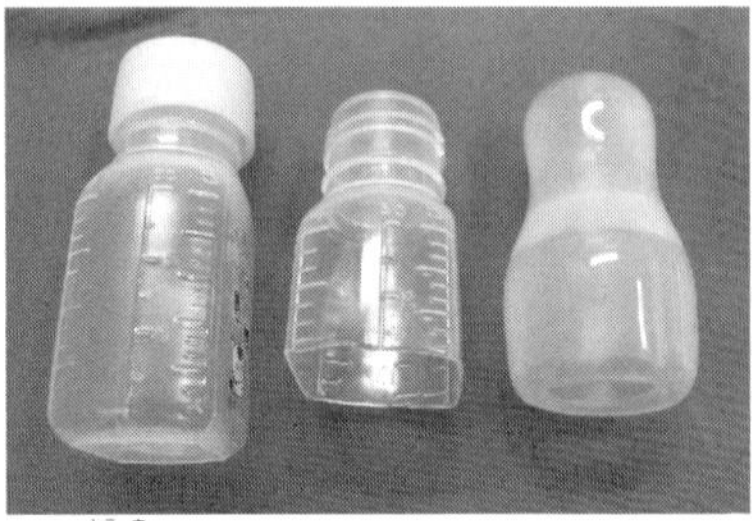
左の容器《ようき》を使って手作りしたものが真ん中、右はそれをもとに製品化《せいひんか》された小動物用の麻酔《ますい》マスク

コラム 2

田向流《たむかいりゅう》 手作り手術《しゅじゅつ》・治療《ちりょう》道具 BEST《ベスト》3

動物の治療《ちりょう》をするとき、「そのために作られた道具」はほとんどありません。ぼくは、身近なものを「手術《しゅじゅつ》・治療道具」にしています。ここでは、その一部をご紹介《しょうかい》します。

1 プラスチックトングでらくらくレントゲン撮影《さつえい》

お手軽度《てがるど》	★★★
使用頻度《ひんど》	★★★
アイデア度《ど》	★★★

カメのレントゲン撮影《さつえい》に欠《か》かせないのが、プラスチック製《せい》のトング。手をはなしたら転がってしまうカメを、固定《こてい》するのにぴったり。

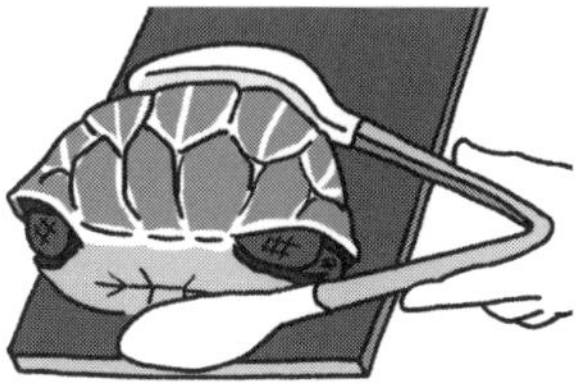

2 魚焼《や》きあみでハリネズミのつめきり

お手軽度《てがるど》	★★★
使用頻度《ひんど》	★
安全度《ど》	★★★

ハリネズミに触《さわ》ろうとすると、針《はり》がチクチク、けっこう痛《いた》いです。金あみにのせてやると、楽につめきりができます。

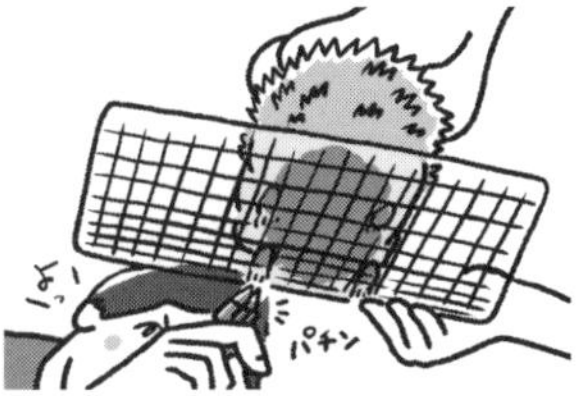

3 ウーパールーパー専用麻酔装置《せんようますいそうち》

お手軽度《てがるど》	★
使用頻度《ひんど》	★★
がんばった度《ど》	★★★

ウーパールーパーは、えら呼吸《こきゅう》をしています。えらに、麻酔薬《ますいやく》をとかした水をかけつづけなければなりません。転がらないようにするため、自分でスポンジをけずって手術台《しゅじゅつだい》を作ります。

大きくても、ラクではありません！

小さな生きものの治療《ちりょう》がむずかしい一方で、大きな動物はどうかというと、これがまた、ちっともラクではありません。四十キログラムの大型犬《おおがたけん》になると、手術台《しゅじゅつだい》にのせるだけでも、力仕事になります。それに、体が大きい分、胴体《どうたい》がとてもぶあついんです。手術台に寝《ね》かせて、おなかを開くと、大きなバケツを上からのぞいているみたいな感じになります。

バケツに手をつっこみ、奥《おく》のほうにある臓器《ぞうき》を手術するところを想像《そうぞう》してみてください。そう、「患部《かんぶ》が遠い」のです。手をのばした先での作業も、なかなかたいへんです。

巨大《きょだい》といえばこうらの長さが七十八センチメートル、体重七十二キロという大きなリクガメを手術したことがあります。このリクガメは、二つの手術をする必要《ひつよう》がありました。一つは、まちがって飲みこんでしまったたくさんのじゃりを、腸《ちょう》からとりのぞく手術《しゅじゅつ》。もう一つは、おしっこをためるふくろの中にできてしまった大きな石をとりのぞく手術です。

あまりの大きさに、あちこちの病院で断《ことわ》られ、かなり遠くからぼくの病院にやってきました。本当のことをいうと、ぼくだって断りたかったけれど、だれかがやらなければ死んでしまいます。体あたりの気持ちで、意を決して手術にのぞみました。

カメの手術をするには、まず、おなか側《がわ》のこうらを切らなければいけません。カメの手術はこれまでもたくさんやってきたけれど、こんなに大きなサイズははじめてです。電動ノコギリのような機械《きかい》でこうらにあなを開けていきます。とてもぶあつくかたいこうらで、あなを開けるだけで一時間以上《いじょう》もかかってしまいました。手術というより、大工仕事みたいです。

「あれ、カメってこうらを切ってもだいじょうぶなの？」

そう思ったみなさん、たしかに、こうらにきずが入るというのは、カメにとって命にかかわる大きな負担《ふたん》です。開けるときに内臓《ないぞう》をきずつけてしまうと、それが原因《げんいん》で死ぬこともあります。しかも、あれだけかたいものですから、一度あなが開くと、人間のきずがふさがるよりも、治るのに時間がかかります。

それでも、何もせず死んでいくのをまつよりは、ずっとマシです。

開腹手術《かいふくしゅじゅつ》をするには、まず、こうらのおなか側《がわ》を四角く切ります。そして、こうらの内側《うちがわ》にある筋肉《きんにく》も切っていきますが、このとき筋肉を一辺《ぺん》だけ残《のこ》すのがポイントです。筋肉はやわらかいので、残った一辺がちょうつがいのようにはたらき、とびらが開くようにパカッと開くのです。そして手術が終わったら、今度はそのとびらを閉《と》じて、切った部分を固定《こてい》します。固定の方法《ほうほう》は、時間がたつとかたまる粘土《ねんど》みたいなものを四隅《よすみ》にはるだけ。

じつはこの方法は、ぼくの「発明」です。以前《いぜん》は、こうらを開けるとき、四つの辺を全部切りとり、こうらをとりはずして手術していました。そして、手術のあとは、切ったこうらをもとにもどし、じょうぶな布《ぬの》と接着剤《せっちゃくざい》でふさいでいました。しかし、このやりかただと、こうらがうまくくっつかなかったり、くっつくまでに五年もかかったり……カメへの負担《ふたん》がとても大きかったのです。

どうにかいい方法《ほうほう》はないかなと考えて思いついたのが、先ほど紹介《しょうかい》した方法です。一辺《ぺん》でも筋肉《きんにく》を残《のこ》しておくことと、固定《こてい》するところを四隅《よすみ》にすることで、治《なお》りが劇的《げきてき》に早くなります。一週間もすれば水の中で生活ができるようになり、二か月できれいにくっつきます。この方法は、アメリカの専門誌《せんもんし》でも紹介され、今では海外でも主流になりました。

じまん話につきあわせてしまいましたが、獣医《じゅうい》の仕事には、たくさんの種類《しゅるい》の動物をみるたいへんさがあると同時に、これまでにない挑戦《ちょうせん》や新しい発見もあり、とても大きなやりがいを感じています。

コラム3 巨大《きょだい》リクガメの大手術《だいしゅじゅつ》

大きなリクガメは、手術台《しゅじゅつだい》にのせるだけでも大仕事。
でも、手術の手順《てじゅん》は同じです。ぼくが発明した方法《ほうほう》（40ページ）では、こうらの内側《うちがわ》にある筋肉《きんにく》を一辺《ぺん》だけ残《のこ》し、とびらのようにこうらを開きます。

手術が終わったら、とびらを閉《と》じて、粘土《ねんど》のようなのりで四隅《よすみ》をとめると……

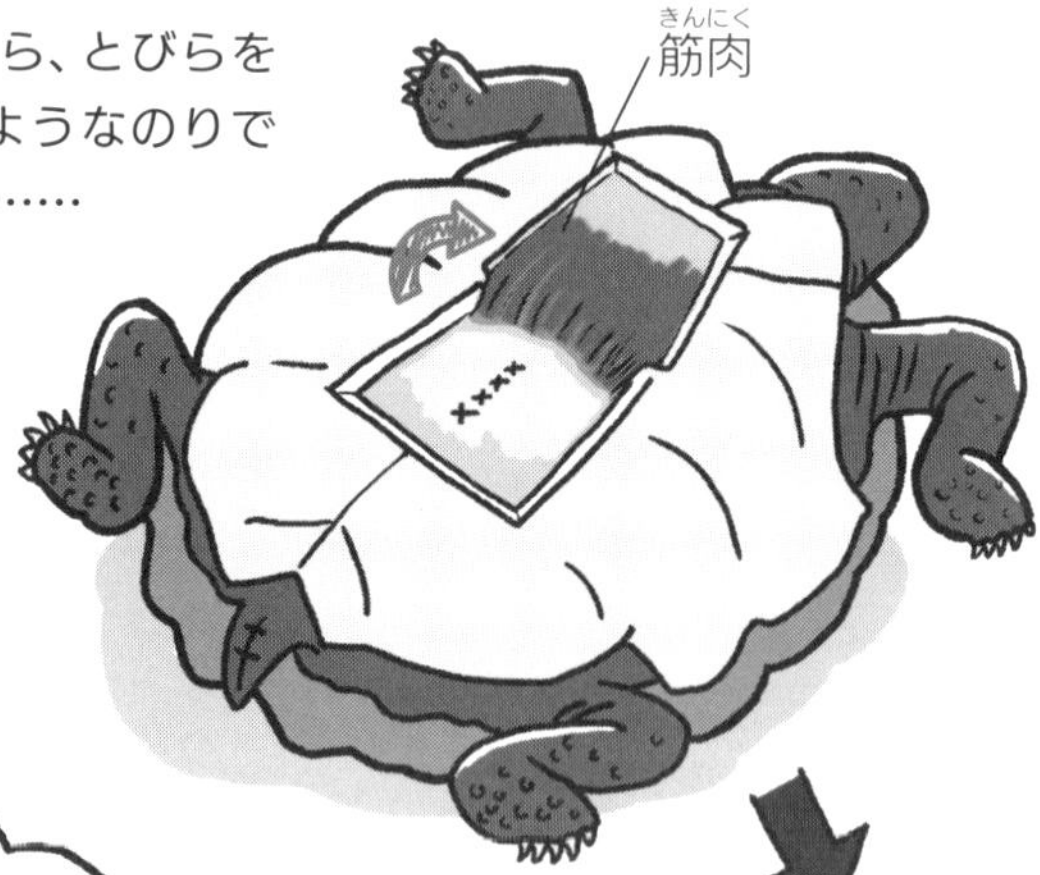

2～3か月で完治《かんち》！

以前《いぜん》のやり方だと、こうらがうまくくっつかず、腐《くさ》ってしまうことも。

危険《きけん》生物でも患者《かんじゃ》は患者

病院にやってくる「いろんな動物」の中には、ちょっとあぶない生きものもいます。以前《いぜん》、体長一・五メートルのワニが来ました。症状《しょうじょう》は、まばたきが多く、目の調子が悪そう、という話でした。

ワニにも、人になれていておとなしいものと、そうでないものがいます。中には、カッカッカッと口を開けて、おそうふりをするワニもいますが、幸い、このときはかみついてくる様子はありませんでした。ワニには申しわけないですが、頭をおさえつけ、目の表面に検査用《けんさよう》の薬を入れて調べました。

みなさんも、目が痛《いた》くなって眼科《がんか》に行ったとき、黄色い液体《えきたい》のついた小さな紙を入れられたことはないでしょうか。あれは目の表面にきずがないかを確認《かくにん》するためのものです。目のつくりは、人間も犬やねこ、鳥、ワニ、カエルも、大きなちがいはありません。つまり、検査や治療《ちりょう》もほとんど同じ。このワニは目の表面に小さなきずがあることがわかったので、目薬を出しました。

もっと狂暴《きょうぼう》な動物が来ることもあります。たとえば、カミツキガメ。見た目はぶた鼻でかわいらしく、ワニみたいなきばもありません。でも、するどくとがった口を持っており、あごの力がとても強いので、大きな口でバクッとかみつかれたらたいへんです。大きなものの場合、子どもの指なら食いちぎられてしまうかもしれないほど。しかも、動きがとてもはやく、後ろからこうらをつかむと、長い首を瞬時《しゅんじ》にのばして、すごいいきおいでかみついてきます。

そんな危険《きけん》な動物ですから、飼育《しいく》するにはきちんと役所に申請《しんせい》をして、許可《きょか》をとらなければなりません。このとき、十五けたの数字が記された小さなガラスのつつ（マイクロチップ）をカミツキガメの体にうめる義務《ぎむ》があります。にげだしたり、捨《す》てられたりしても、飼《か》い主《ぬし》がだれかわかるようにするためです。

このマイクロチップをうめるのも、獣医《じゅうい》の仕事です。入れる場所もきちんと決まっています。でも、ガブガブかみつく危険なカメに、どうやってうめこめばいいか、ということは、役所の人は教えてくれません。飼い主さんが「マイクロチップお願《ねが》いします」とやってきたら、ぼくたち獣医《じゅうい》は、自分で方法《ほうほう》を考えなくてはいけないのです。

まず、頭からタオルをかぶせ、足でこうらをふんでおさえます。そうして首をのばしたりすばやく回転したりしないようにした上で、さっと、マイクロチップを足のつけねに打ちこみます。マイクロチップは、注射器《ちゅうしゃき》みたいなものに入っていて、注射の要領《ようりょう》でうつとチップがうめこまれるしくみです。ぼくはもうなれましたが、はじめての獣医は、こまってしまうのではないかと思います。

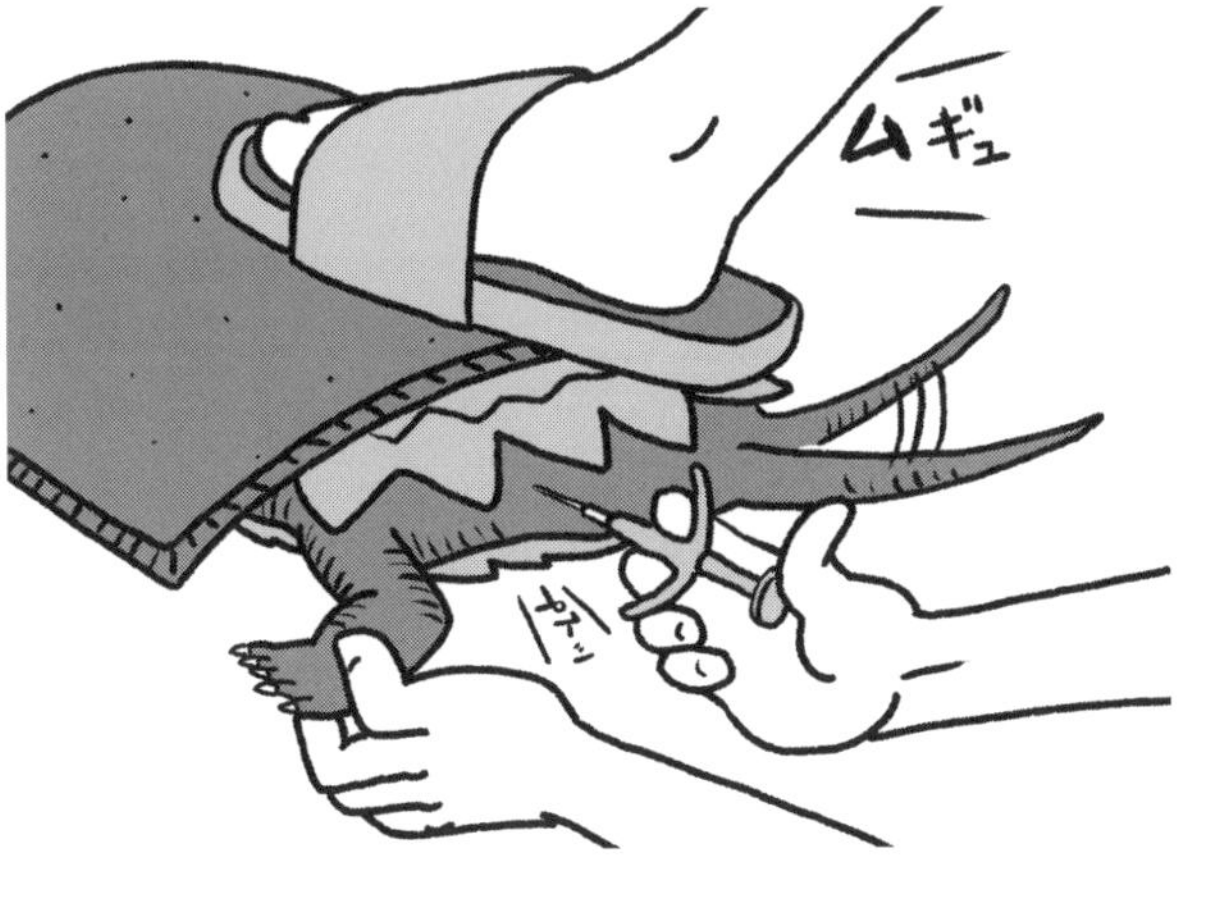

ほかにもビントロング、別名《べつめい》クマネコというジャコウネコの仲間《なかま》が来たこともあります。クマネコという名前の通り、見た目はしっぽの長いクマみたいです。体重は二十キログラムから三十キログラムぐらい。するどいつめに、強いあごが特徴的《とくちょうてき》。このときは、おしりから腸《ちょう》の一部がとびだす病気になってしまい、飼い主《かいぬし》さんが連《つ》れてきました。

「あぶないので気をつけてくださいね」

と、飼い主さんに言われたときはちょっととまどいました。テレビでは、人になれていてかわいらしいすがたが紹介《しょうかい》される動物ですが、目の前の子は全然《ぜんぜん》なれておらず、落ちつきのない様子。うっかりかまれたら大惨事《だいさんじ》です。なんとか麻酔《ますい》をして手術《しゅじゅつ》をしましたが、本音をいうと、とてもたいへんでした。

危険《きけん》なのは、かんだりひっかいたりする動物だけではありません。毒《どく》を持った動物もいます。以前《いぜん》、卵《たまご》がつまってしまったアメリカドクトカゲが病院にきたことがありました。大きさは五十センチメートルくらい。野生では鳥の卵やヒナなどを食べていて、奥歯《おくば》のあたりから毒を出します。

あまり攻撃的《こうげきてき》なタイプではなく、めったに人をかむことはありません。でも、万一かまれて毒《どく》が体に入ったら、死んでしまうこともあるほどの強い毒を持っています。ですから、獣医《じゅうい》は動物の治療法《ちりょうほう》を勉強するだけではなく、どのようにあつかったらよいかを勉強して、なれておくことも大切です。

ここでは危険《きけん》な動物について書きましたが、反対に、ハムスターやウサギ、鳥などは、ちょっと力を入れただけで、骨《ほね》が折《お》れたり、死んでしまったりすることもあります。でも、しっかりおさえないと、治療中にあばれだして、ケガをさせてしまいかねません。ハムスターの場合は、まずは透明《とうめい》のプラスチックケースに入れて外から観察《かんさつ》しますし、ウサギの場合はバスタオルで顔だけ出して全身をつつんで診察《しんさつ》します。おさえかたにも、コツがあるんです。

治療《ちりょう》のほかにも、やることはたくさん！

さて、これまで、病院にやってくるいろいろな動物のことを書いてきました。

けれど、病院の仕事は、動物の診察《しんさつ》だけではありません。町の動物病院は、商《しょう》店街《てんがい》のパン屋さんや自転車屋さんと同じように、「経営《けいえい》」というものをしなくてはなりません。

つまり、治療《ちりょう》をして、お金をいただき、それをもとに生活して、家族を養《やしな》わなければなりません。さらに「患者《かんじゃ》さん」のためにも、新しい機械《きかい》を買ったり病院ではたらいてくれる人をふやしたりすることも、わすれてはいけない大きな仕事です。

また、獣医《じゅうい》というのは技術者《ぎじゅつしゃ》であり、職人《しょくにん》であるとぼくは思っています。だから、ぼくの病院ではたらいてくれている若《わか》い先生たちが、四、五年後には、ひとりでりっぱに獣医としてやっていけるように、技術を教えていかなくてはなりません。

とはいっても、ぼくは一から十まで、全部を一つひとつ教えることはしていません。病気に対する考え方や、飼《か》い主《ぬし》さんとの接《せっ》し方《かた》、技術的なことは教えるけれど、その基本《きほん》になる知識《ちしき》は、本をたくさん読んで、自分で勉強してもらっています。

病気は一つとして同じものはありません。相手は生きものですから、病気の名前は同じでも、それぞれ患者《かんじゃ》さんによって状態《じょうたい》は異《こと》なりますし、飼《か》い主《ぬし》さんの考え方によっても治療方法《ちりょうほうほう》はちがってきます。自分自身でなやんで、考えて、答えを探《さが》していかなければ、成長《せいちょう》できない仕事なのです。

ぼく自身もまた、勉強の毎日です。病院を開いて十四年。ようやく自信《じしん》を持って、一人《ひとり》でもほとんどの診療《しんりょう》をできるようになりましたが、それでも、医療というのはどんどん新しくなっていくものです。十年前には「常識《じょうしき》」だった知識《ちしき》や技術《ぎじゅつ》が、今ではまったくちがう、ということもあります。

だから、これだけ勉強すればおしまいということはありません。また、さきほども書きましたが、犬やねこ以外《いがい》の動物の病気は、まだまだわかっていないことのほうが多いのです。ですから、教科書を探しても出ていないような病気を見つけると、大学の先生と協力して、動物の体の中でいったいどういうことが起きているのか、調べることもあります。

病院を開業した当時は、ぼくのようにいろいろな動物をみる獣医《じゅうい》が少なかったので、とても孤独《こどく》な「闘《たたか》い」の毎日でした。今は幸い、仲間《なかま》がふえ、専門《せんもん》の雑誌《ざっし》も出版《しゅっぱん》されるようになりました。そこには犬やねこ以外《いがい》の動物の医療《いりょう》について、最新情報《さいしんじょうほう》がたくさんのっています。

獣医向けの勉強会もあり、ぼくもよく出席《しゅっせき》します。自分が講師《こうし》として参加《さんか》することもあります。先日はまる一日、ウサギのことばかり勉強する会に講師として出席し、朝から晩《ばん》まで、ウサギの検査《けんさ》のしかたや病気について話をしました。勉強会にかぎらず、獣医の仲間とはしょっちゅう会い、お酒をいっしょに飲んで、たくさんの患者《かんじゃ》さんの話をして、病院の中だけに閉《と》じこもらないようにしています。

さらに最近《さいきん》は、インターネットを通じて、全国の先生や、海外の先生ともつながることができるようになってきました。電子メールを使って写真を添付《てんぷ》し、どのように治療《ちりょう》したかを書くと、ほかの先生たちがいろんなコメントをしてくれます。これまで、よくわからず一人《ひとり》でもやもやしていた病気のことも、たまたま同じ症例《しょうれい》に出会ったことのある先生がいて、情報《じょうほう》を教えてくれることもあります。

——自分に助けることのできる病気を、一つでもふやしたい。

そんな思いで、毎日、動物の命と向きあっています。

第2章

ぼくが獣医《じゅうい》をめざした理由

セミの羽化《うか》に夢中《むちゅう》になった日

ぼくは小さいころから生きものが大好《だいす》きで、いろいろな生きものを飼《か》ってきました。それが、獣医《じゅうい》をめざす大きなきっかけになったといえるかもしれません。そこでこの章では、ぼくがどんな生きものをどんなふうに飼ってきたか、そこから何を学んだか、お話ししましょう。

具体的《ぐたいてき》に、何歳《なんさい》のときに生きものに興味《きょうみ》を持つようになったか、はっきりとは覚えていません。でも、生きものに関《かん》する一番古い記憶《きおく》は、幼稚園《ようちえん》に通っていたころの思い出です。とても印象深《いんしょうぶか》いできごとがありました。

ある夜のことです。庭にいた父親が興奮《こうふん》した様子でぼくをよびました。「セミがいる！」と言って、木に懐中電灯《かいちゅうでんとう》をあてています。光の先を見ると、セミの幼虫《ようちゅう》が木に登っているところでした。しばらく見ていると、木の幹《みき》のとちゅうで止まりました。そして、懐中電灯の明かりの中で、幼虫の茶色い背中《せなか》がゆっくり、ゆっくりと割《わ》れはじめ、そのさけ目から、白いセミが逆《さか》さになって出てきました。まるで、ブリッジをしているようなかっこうでした。そして、体勢《たいせい》を整えると、それまでクシャクシャに丸まっていた羽をゆっくりのばしていきます。

どれくらいの時間、外にいたのかわかりません。

「生きものって、なんておもしろいんだろう！」

セミの羽化《うか》を目の当《ま》たりにしたときの気持ちは、いまでもよく覚《おぼ》えています。

最初《さいしょ》のペット

ぼくが住んでいた場所は、愛知県《あいちけん》の知多半島《ちたはんとう》というところで、とても自然《しぜん》が豊《ゆた》かでした。家のうらには神社があり、そのまわりは田んぼと畑ばかり。遊ぶところは、そんな自然の中にしかありませんでした。木登りをしたり、木の枝《えだ》とつるを使って、自分だけの基地《きち》を作ったり。また、池や田んぼにいってカエルやイナゴをつかまえるのも、楽しい遊びの一つでした。

最初に生きものを飼《か》ったのは、つかまえてきたザリガニやカブトムシだったでしょうか。ぼくの両親は、当時はやりはじめたゲーム機《き》などの遊び道具を買ってくれませんでした。そのかわり、つかまえてきた生きものを飼うためのプラスチックケースは、必要《ひつよう》なだけ買ってくれました。カエル、メダカ、ドジョウ、ダンゴムシ……かっこよくて大好《だいす》きだったのは、ハサミムシ。身のまわりにいる生きものをつかまえては観察《かんさつ》し、昆虫《こんちゅう》や、は虫類《ちゅうるい》とともに、たくさんの時間をすごしました。ぼくの父親は大工さんで、カブトムシを飼《か》うための飼育箱《しいくばこ》を、木で作ってくれました。夏になると、玄関《げんかん》に手作りの飼育箱やプラスチックケースが十個《こ》くらいならびます。

毎日、生きものに夢中《むちゅう》!

小学校に入ってからも、そんな生活がつづきます。きょうだいは、歳《とし》のはなれた姉が一人《ひとり》。近所にはあまり友だちが住んでいなかったので、学校から帰るとランドセルを玄関《げんかん》に放りなげ、田んぼや雑木林《ぞうきばやし》を一人で歩きまわる毎日。石のうらをひっくりかえしたり、たおれた木をほったりして、いつも虫を探《さが》していました。一人で遊んでいるすがたを「さみしそう」と思った人もいたようですが、ぼくはさみしいなんてこれっぽっちも思っていませんでした。それぐらい、生きものに夢中になっている時間が、楽しかったんです。

ぼくの家の近所には川がありませんでしたが、かわりに農業用のため池がたくさんありました。池によって住んでいる生きものはちがいます。あそこの池にはザリガニが多いとか、ここは毎年夏になるとオタマジャクシがたくさんいるといったことも、全部頭の中に入っていました。

たまに「レアもの」をつかまえると、おおよろこび。カタツムリを食べる大きな昆《こん》虫《ちゅう》、マイマイカブリを見つけたときは、すごくうれしかった。あと、大きなウシガエルをつかまえたときは、興奮《こうふん》しました。ウシガエルは警戒心《けいかいしん》が強く、人の気配を感じるとすぐに水中にとびこんでしまうため、つかまえるのがむずかしいカエルの一種《いっしゅ》です。そのときは、たまたま水中の石の下に

もぐりこんだのが見えたので、そっと手をつっこんだら運よくつかまえられました。興奮《こうふん》して家に持って帰り水槽《すいそう》に入れましたが、あるとき、その大きな体でふたをふっとばして、にげていってしまいました。

一度、ヤマカガシというヘビをつかまえたこともあります。これも、ぼくにとっては、「レアもの」でした。かまれないように木の枝《えだ》で頭をおさえ、しんちょうに、ふたつきのバケツに入れました。めったに出会えないレアものをつかまえて、ウキウキしながら持ちかえったのですが、ヘビが苦手な母親におこられ、飼《か》うことができませんでした。ヤマカガシが危険《きけん》な毒《どく》ヘビだと知ったのは、そのあとのことです。

そんなふうに、どんな生きものも大好《だいす》きな少年でしたが、とくに、水辺《みずべ》の生きものにはあこがれました。タイコウチやミズカマキリなどの水生昆虫《こんちゅう》も、大好き。飼っていたタイコウチの卵《たまご》がかえり、子どもがたくさん生まれたこともあります。ふだん、水の中で生活するタイコウチですが、卵は陸上《りくじょう》に産《う》みます。だから、タイコウチを飼うときは、ケースに水をはるだけでなく、中にレンガを立てて陸地《りくち》を作り、コケをしくのがポイントです。ある日、そこに卵《たまご》を見つけたときは、とびあがるほどうれしかったです。一週間くらいすると、白かった卵が茶色くなり、その卵から小さなタイコウチがわーっと出てきます。ぼくが作った環境《かんきょう》の中でたくさんの命が生まれたことに、すごく感動しました。

たくさんのペットを飼《か》ってきた

飼っていたのはつかまえてきた生きものだけではありません。雑誌《ざっし》のふろくで手に入れたカブトエビの卵をかえしたときは、

タイコウチの飼育環境《しいくかんきょう》

した。
恐竜時代《きょうりゅう》の水生動物みたいなそのすがたがかっこよくて、ずっとながめていま

ほかにも、母親が知りあいからもらってきた文鳥《ぶんちょう》や、買ってもらったアカハライモリにニホンナマズ、それにハツカネズミ。親せきからゆずりうけたヨークシャーテリアという種類《しゅるい》の犬は、二十年くらい生きました。小学校低学年《ていがくねん》のときには、ねこも飼《か》っていました。すごく大事にしていたのですが、家の中でつめをとぐため、父親がだまって人にあげてしまいました。ねこがいなくなったのを知ったときは、すごくショックでした。

家で飼うだけでなく、小学校高学年のときには、学校の飼育委員《しいくいいん》をしていました。校舎《こうしゃ》のすみに飼育小屋があり、そこににわとり二羽《わ》とウサギ三羽、セキセイインコが二十羽くらい、飼われていました。低学年のころから気になっていて、高学年になったらぜったいに飼育委員をやろうと決めていたのですが、自分から手をあげて立候補《りっこうほ》するのがはずかしく、仕方なく引きうけるようなふりをしたのも、今ではいい思い出です。

生きものを飼《か》う魅力《みりょく》

生きものを飼っていると、おもしろい発見があります。今、家で子どもたちといっしょにカイコを飼っています。そのカイコにも、おもしろい発見がありました。幼虫《ようちゅう》がマユを作る前、それまで白かったカイコは、ちょっとちぢんで黄色っぽくなるんです。そんなこと、教科書には書いてありませんよね。目の前で毎日見るからこその発見をしたときには、今でもわくわくします。

それに、あんなにきれいにマユを作って、その中で幼虫からサナギになり、羽化《うか》をしてガの形にかわり、マユをやぶって出てくるんですから、やっぱりすごくふしぎです。おさないころに、庭でセミの羽化を見たときと同じように、生きもののおもしろさ、ふしぎさをあらためて感じています。本当に、生きものというのは興味《きょうみ》がつきません。

小学校の図書館では、生きものや動物についての本ばかりを借《か》りて読んでいました。当時はインターネットなんてない時代でしたから、情報《じょうほう》は本がすべてだったんです。最初《さいしょ》に読んだのは、『草むらの小さな友だち』（新日本出版社《しんにほんしゅっぱんしゃ》）でした。学研《がっけん》の図鑑《ずかん》『飼育《しいく》と観察《かんさつ》』もすみからすみまでながめました。大人《おとな》になってからふたたびこの本を買い、今でも家で、ときどき読みかえします。

野山で見た昆虫《こんちゅう》は、図鑑で全部チェックして、図鑑に出てくる昆虫の名前をかたっぱしから暗記していました。昆虫標本《ひょうほん》も作ってみたかったのですが、それにはいろいろ道具が必要《ひつよう》でした。もし親に、その道具を買ってもらえていたら、今ごろは昆虫学者になっていたかもしれません。

生きものの飼《か》い方《かた》

つかまえた生きものの飼育の仕方は、図鑑を見て勉強していました。先ほど紹介《しょうかい》した『飼育と観察』には、いろいろな生きものの飼い方が紹介されています。飼い方が紹介されていない動物でも、解説欄《かいせつらん》に食べものがのっています。

ダンゴムシであれば、「食べ物：落ち葉」などと書いてあるのを見ながら、ダンゴムシやミミズは土に野菜《やさい》くずをまぜたり、ドジョウにはパン粉《こ》をやったりして飼《か》っていました。オタマジャクシやタニシには、ゆでたホウレンソウやニボシをあたえていました。なぜなら、当時の図鑑《ずかん》だと、田んぼの生きもののえさは、だいたい「ゆでたホウレンソウやニボシ」と書いてあったからです。

ただ、それだと栄養《えいよう》がかたより、なかなか大きくならず、死んでしまうこともたびたび……。ほかにも、飼い方がいいかげんだったため、たくさんの生きものを死なせてしまいました。ザリガニはなんでもよく食べてくれましたが、水をかえるのをさぼると、すぐに死んでしまいます。

お祭りの金魚すくいですくった金魚も、二、三日で死んでしまいました。もともと弱っていたということもありますが、水に空気を送りこむ「エアーポンプ」という道具を持っていなかったのが、一番大きな原因《げんいん》です。魚は水中にとけこんだ酸素《さんそ》をえらからとりこんで呼吸《こきゅう》しています。だから、酸素を送ってあげないと、呼吸困難《こんなん》で死んでしまうのです。

ぼくのすくった金魚も、水面で口をパクパク開けて、一生懸命呼吸《いっしょうけんめいこきゅう》をしようとしていました。そこでぼくは、ストローで水槽《すいそう》の水に息をふきこみ、ブクブクさせました。いかにも、子どもらしい考えですよね。ブクブクすると、水面にいた金魚たちがおどろいて、深いところに移動《いどう》しました。それを見たぼくは、「これでだいじょうぶ」と満足《まんぞく》したのですが、翌日《よくじつ》起きると、金魚の死体が水面にうかんでいました。

死なせてしまった生きものたち

小学校のころにつかまえて飼育《しいく》していた生きものの中で、一番長生きしたのは、三年生きたニホンイモリでした。ほかの生きものは、だいたい一年くらい。カエルは、飼育しながら冬眠《とうみん》させるのはむずかしいと

知っていたので、夏の終わりに田んぼに放していました。

ショックだったのは、明らかに自分のミスやかんちがいで生きものを死なせてしまったとき。あるとき、つかまえたカエルを、おふろに入れて殺《ころ》してしまいました。まだ学校で習っていないかもしれませんが、動物には、自分の力で体温を調節《ちょうせつ》し、温度変化《へんか》に対応《たいおう》できる恒温《こうおん》動物と、自分では体温を調節できず、温度の変化に弱い変温動物がいます。カエルは変温動物。ぼくは「カエルだっておふろに入れれば気持ちいいだろう」と思ったのですが、体温を調節できないカエルにとって、人間のおふろに入るのは熱湯《ねっとう》の中に入るようなもの。あのときは、「自分のせいで殺してしまった」と強く思い、悔《く》やみました。

ほかにも、かごに入れたハツカネズミを玄関《げんかん》で飼《か》っていたら、いつのまにか入りこんだアオダイショウに食べられてしまったり、外で飼っていた金魚がねこに食べられ、頭だけ地面にちらばっていたりしました。

アオダイショウが、細いかごのすきまから入ってくること。水中で泳ぐ金魚が、ねこにとってはごちそうだということ。どちらも、少し考えればわかることなのですが、いざ食べられるまで、その可能性《かのうせい》にまったく気づきませんでした。なんできちんとふたをしなかったんだろう、と、とても後悔《こうかい》したできごとです。

後悔といえば、よく覚《おぼ》えているのは、大好《だいす》きだった文鳥《ぶんちょう》が死んだときのことです。小学四年生のときだったと思います。ある日鳥かごに目をやると、文鳥がゆかに落ちて死んでいました。

「そういえば最近《さいきん》世話をしていなかったな。でもえさはまだたくさん入っているし……」

そう思って、えさ入れをフッとふくと、中身が全部とんでいって、からっぽになりました。つまり、まだ入っていると思っていたのは食べたあとの穀物《こくもつ》のカラだったのです。ぼくがお世話をさぼったせいで、文鳥は死んでしまったのでした。そのことに気づいた瞬間《しゅんかん》、背筋《せすじ》がゾッとしました。

文鳥の世話をしなければいけない、とは思っていたのですが、「学校がいそがしいから」と、自分に言いわけをしていました。ちょっとサボったことが、とりかえしのつかない結果《けっか》を生んでしまう。そのときの恐怖心《きょうふしん》のようなものは、今でもときどき思いだします。

もう一つわすれられないのが、小学五年生のときにデパートの屋上で買ってもらった、ニホンナマズです。ひげがゆらゆらしている感じがかっこよくて、とてもかわいがっていました。庭に水槽《すいそう》をおいて飼《か》っていたのですが、ある朝、水槽からとびだして、干《ひ》からびて死んでいました。

その前日、台風が来ていて、その様子におどろいたナマズがあばれた拍子《ひょうし》に、ふたが外れ、とびだしてしまったのです。台風が来たとき、外のナマズのことは、頭にうかんだんです。でも、夜中に確認《かくにん》しにいくのはおっくうで、「だいじょうぶだろう」と思ってしまいました。

生きものを飼っていると、人間が予想しないようなこともたくさん起こります。ぼくらがだいじょうぶと思ってサボることや、うっかりミスが、命にかかわる重大事件《じけん》になるのです。とくに小さな生きものは、本当にささいなことで死んでしまいます。

こうした経験《けいけん》を通じて、「毎日ちゃんと見て、お世話をしないといけない」

こと、「少しでも引っかかったことは、すぐに改善《かいぜん》しないと致命的《ちめいてき》な結果《けっか》につながること」を学びました。それは「今は時間がない」「つかれているから」「めんどうだな」という人間側《にんげんがわ》の都合を優先《ゆうせん》させるのではなく、生きもの側の都合にあわせないといけないという、あたり前のことでした。

グリーンイグアナを、飼《か》う!

つかまえた生きものをそのまま飼育《しいく》していた小学生までとちがい、中学生になってからぼくは、本格的《ほんかくてき》な「趣味《しゅみ》」として、ペットを飼うようになります。

きっかけは、中学一年生のときに飼いはじめた、グリーンイグアナでした。定期購読《こうどく》していた熱帯魚《ねったいぎょ》の雑誌《ざっし》の広告《こうこく》に、グリーンイグアナが出ていたのです。

「イグアナが飼える!?」

ぼくはびっくりして、ほしくてたまらなくなりました。小学校のとき図鑑《ずかん》で見たグリーンイグアナは、アマゾンのジャングルの木の上にいて、恐竜《きょうりゅう》のよう。

すごくあこがれましたが、ぼくの中でイグアナは、あくまでも図鑑《ずかん》の中の生きもので、まさかペットとして売られているとは思ってもみませんでした。

母親に頼《たの》みこむと、「テストをがんばる」ということを条件《じょうけん》に、買ってもらえることになりました。人生で、一番必死《ひっし》に勉強したかもしれません。ぶじ、いい成績《せいせき》をとることができました。イグアナが東京《とうきょう》から愛知《あいち》にとどくまでの一、二週間、寝《ね》ても覚《さ》めても頭の中はイグアナ一色でした。

ぼくは一生懸命《いっしょうけんめい》、飼《か》うための準備《じゅんび》をしました。まず、イグアナが住んでいる場所の環境《かんきょう》はどういうものかを調べます。アマゾンのジャングルですから、とうぜん、熱帯雨林《ねったいうりん》のような状態《じょうたい》を作らなくてはいけません。今なら、は虫類《ちゅうるい》を飼うためのケージや保温《ほおん》道具も売っていますが、当時はそんなものはいっさいありません。イグアナを飼うこと自体、すごくめずらしいことでした。

イグアナはあたたかい気候《きこう》の中、木の上で生活していますから、高さがあって、保温できるものがないかと探《さが》しました。そして見つけたのが、ランの花を育てるための室内温室です。アルミのフレームとガラスでできていて、はば八十五センチメートル、奥行《おくゆき》四十四センチメートル、高さ百五十センチメートル。なんでそんなに細かく覚《おぼ》えているかというと、飼《か》う準備《じゅんび》をしているあいだ、ずっとカタログとにらめっこしていたからです。今でも、その数値《すうち》をわすれません。

温室の中を温める保温用《ほおんよう》ヒーターや、まんべんなく温めるためのファン、サーモスタット（温度を一定にたもつ機械《きかい》）を用意していきます。温度計は三つ用意します。上のほう、真ん中、ゆかに近いところ、三か所につけて毎日朝夜と二回、温度が二十五度から三十度くらいになっているかチェックしました。は虫類《ちゅうるい》は、カエルと同じ、変温《へんおん》動物です。くらす場所の温度が合わないと、すぐに具合が悪くなってしまうので、しんちょうにしなければなりません。

こうして、準備ばんたんでむかえたイグアナは、はじめは二十センチメートルくらいの小さなものでした。その後、どんどん大きくなり、最終的《さいしゅうてき》にはおよそ一・五メートルにまで成長《せいちょう》しました。先ほど紹介《しょうかい》した温室を二つ合体させても成長につれてせまくなり、大工だった父にお願《ねが》いして、部屋《へや》の半分をイグアナ用に改造《かいぞう》してもらいました。

このイグアナは二十三歳《さい》まで生きましたから、かなり長生きしたほうでしょう。ぼくが病院を開業した何年か後、年をとったイグアナはひんぱんに体調をくずすようになり、最期《さいご》はぼくが治療《ちりょう》をして、見送りました。

生息地に思いをはせる

中学二年生のころには、さらに、ベルツノガエルも買いました。今ではよく飼《か》われているカエルですが、当時は非常《ひじょう》にめずらしいものでした。このカエルも、図鑑《ずかん》でよ

く見ていて、そのまん丸いすがたがとても好《す》きだったのです。イグアナと同じように、まさかペットとして飼《か》えるとは思っていませんでした。

値段《ねだん》は、たしか一万円ほどでした。中学生にとっては大金でしたが、おさないころからあこがれていた動物です。まよわずありったけのおこづかいをにぎりしめて、買いに走りました。

飼い方は、当時日本ではほとんど知られていませんでした。ですから、やはりまずは図鑑で、住んでいる場所のことを調べます。このカエルは、もともとアルゼンチンに住んでいます。理科年表でアルゼンチンの気候《きこう》を調べ、どんな環境《かんきょう》にいるのか思いをはせました。アルゼンチンの湿地《しっち》をイメージしてじゃりをしいたり、植物を生やしたり、くふうして飼いはじめました。当時はこうした生きものに関《かん》する情報《じょうほう》が少なかったし、まわりにめずらしい生きものを飼っている人がいなかったので、想像《そうぞう》をめぐらせて飼うしかなかったのです。

えさは、コオロギなどの虫をよく食べましたが、ピンセットで動かしてやると、なんでも食べます。そのころは、カニカマボコをよく食べさせていました。

今考えると、ひどい話です。もしもぼくの病院にくる飼い主《かいぬし》さんが、「カニカマをあげています」と言ったら、目を三角にして注意することでしょう。

そうして、高校二年か三年になるまで、大事に育てていたのですが、長く飼っているとどうしても、手をぬいてしまうことがあります。あんなに思いいれを持って飼っていたカエルですが、ある年の夏、部活のいそがしさにかまけて、イグアナと同じ部屋《へや》において出かけました。帰宅《きたく》したとき、さっと血の気が引きました。暑さで、死んでしまったのです。

イグアナとカエルの好《この》む温度はちがいます。それでも、「一日ぐらい、だいじょうぶだろう」と思ってサボッたのが、命とり。「まあ、だいじょうぶだろう」という人間側《にんげんがわ》のちょっとした気のゆるみで、生きものはあっけなく死んでしまうのです。人間の都合で考えてはいけない、ということを改《あらた》めて知る、とてもつらい思い出になりました。

生きものを飼《か》うのは、人間の身勝手

このように、りっぱな飼い主とはとても言えないぼくですが、やっぱり生きものを飼うことは、趣味《しゅみ》として、ぼくの生活をいろどってくれます。大人《おとな》になると、その生きものが自然《しぜん》の中で生きている風景《ふうけい》を想像《そうぞう》することが好《す》きになりました。

イグアナであれば、アマゾンの熱帯雨林《ねったいうりん》が目にうかびます。砂漠《さばく》でくらしているトカゲであれば、あつい砂漠の中を、ゆったりと歩いている光景《こうけい》を想像《そうぞう》します。

今でも家には、ヘビ、トカゲ、カメなどの虫類《ちゅうるい》、ナマズやエイなどの魚類が、全部で三十から四十匹《ぴき》ぐらいいます。ながめていると、かれらがくらしていた大自然の中にいるような気持ちになり、わくわくします。

最近《さいきん》買ったニューカレドニアのヤモリは、百年間ほど「絶滅《ぜつめつ》した」と言われていました。それがあるとき再発見《さいはっけん》されたのですが、保護《ほご》すると、じつはすごく飼《か》いやすいことがわかったのです。繁殖《はんしょく》もしやすく、あっというまにペットショップの人気ものになりました。レア度は低《ひく》いですが、「百年間絶滅《ぜつめつ》していたと思われていた」というところに、ぼくはロマンを感じています。

これらのペットと、犬やねこなどのあいだには、決定的《けっていてき》にちがうことがあります。それは、犬ねこが、ペットとして改良《かいりょう》を重ねられ、人間とともに生きた歴史《れきし》が長い動物であるのに対し、は虫類《ちゅうるい》などの最近《さいきん》よく飼われるようになったペットは、もともとは自然《しぜん》の中にいたところを、人間が勝手に持ってきてしまったものだ、ということです。

たとえばカブトムシは、本来、森の中にいるのが一番住みやすいはずです。それを、かっこいいからといってつかまえて、家に持ってかえるのは、人間の勝手です。ぼくは、これまでたくさんの生きものを飼ってきましたが、それは、「手に入れたい」「近くで見ていたい」という気持ちがあるからです。けれど、じつは心の奥底《おくそこ》ではいつも、「こんなせまいところに閉《と》じこめて、いいのかな」という、後ろめたい気持ちを感じています。

生きものを好《す》きだと思う気持ちがあるからこそその心のまよいを、ぼくは絶対《ぜったい》にわすれてはいけないと思っています。

ペットが住みやすい環境《かんきょう》を考えつづける

今は、以前《いぜん》なら図鑑《ずかん》でしか見られなかった生きものが、どんどん日本に入ってきて、めずらしいものではなくなっています。先ほどのベルツノガエルもそうです。日本で繁殖《はんしょく》され、ぼくが買ったときにくらべて、ずいぶん安く購入《こうにゅう》できるようになりました。

そうすると、「ようやく手に入れた！」という思いが少なくなり、だれでもかんたんに飼《か》えるものだと思ってしまいます。飼い方だって、インターネットですぐに調べられます。でも、熱帯産《ねったいさん》のカエルは、ペット初心者《しょしんしゃ》がかんたんに飼えるものではありません。

最近《さいきん》は、「カエル飼育《しいく》セット」「カメ飼育セット」のように、水槽《すいそう》や保温器具《ほおんきぐ》がまとめて手に入るセットが売りだされています。多くの人は、それさえ買ってくれれば、十分な環境《かんきょう》が整えられると思ってしまいます。でも、「自然《しぜん》環境」というのは、そんなにかんたんに作りだせるものではありません。

セットには説明書《せつめいしょ》がついています。でも、そのマニュアル通りにライトや保温器具をつけても、南むきの部屋《へや》なのか北むきの部屋なのか、マンションなのか一軒家《いっけんや》なのか、北海道《ほっかいどう》なのか九州《きゅうしゅう》なのか、エアコンなのかストーブなのかなど、飼育セットの外側《そとがわ》の状況《じょうきょう》によって、内側《うちがわ》の状態《じょうたい》もとうぜんかわります。うまく温度があがらなかったり、ぎゃくにあがりすぎたり、一つの水槽の中でも、上部と下部で温度差《おんどさ》がかなり出てしまうこともあります。

ぼくがイグアナを飼いはじめるとき、温度計を三つつけて、毎日その温度をたしかめた、ということは、すでに書きました。そういう手順《てじゅん》をへて、やっとペットが住みやすい環境ができていくのです。

もちろん、飼育セットを買ってはいけない、といっているわけではありません。飼育《しいく》セットは、とても便利《べんり》です。でも、それだけにたよってしまうと、本来の生息環境《かんきょう》を作りだす想像力《そうぞうりょく》がなくなってしまいます。なぜそこにライトをつけるのか、容器《ようき》を家の中のどの場所におくとペットにとって心地《ここち》いいのか、ということを、自分の頭でしっかり考えてほしいのです。

また、生きものは、大量生産《たいりょうせいさん》されたおもちゃや機械《きかい》とはちがいますから、みなさんと同じように「好《この》み」もあります。クラスメートの中に、暑がりの子、寒がりの子がいるように、同じトカゲでも、高めの温度が好《す》きなのもいれば、低《ひく》めのほうが元気よくいられるのもいます。一匹一匹《ぴき》、それぞれちょうどいい温度があるのです。毎日よく観察《かんさつ》して、その一匹にあった飼《か》い方《かた》をしてあげてください。

今はインターネットを使う人がふえて、飼い主さん同士《どうし》でいろいろな情報共有《じょうほうきょうゆう》ができます。とても便利ですが、インターネットで得《え》られる知識《ちしき》は、あくまで一つの例でしかないものだということを、心にとめてほしいです。自分が飼っている目の前の生きものにきちんと向きあうことが、ペットと長くくらしていく上で、一番大切なポイントだと、ぼくは思っています。

ぼくが獣医《じゅうい》をめざした理由

こんなふうに、生きものが好《す》きだったぼくが、獣医の道に進もうと思いはじめたのは、イグアナやベルツノガエルに夢中《むちゅう》になっていた中学三年生のころのことでした。

じつは、はじめから「絶対《ぜったい》に獣医になりたい！」と、明確《めいかく》な意思《いし》を持っていたわけではありません。動物にかかわる仕事なら、動物園の飼育係《しいくがかり》でも、ペットショップの店員でも、野生動物を調査《ちょうさ》する人でも、なんでもよかったのですが、具体的《ぐたいてき》に進路をイメージしたとき、どうやったらなれるかが一番わかりやすかったのが、獣医でした。一生懸命《いっしょうけんめい》勉強して、獣医の学校に入って、卒業《そつぎょう》したら動物病院に勤《つと》めればいい。目標《もくひょう》が定まると、学校の勉強にも身が入ります。

今、進路になやんでいる人は、むりに将来《しょうらい》なりたいものを決めてしまう必要《ひつよう》はありません。でも、ぼくのようにやりたいことがはっきりしている場合は、どんな仕事があって、どうすればその仕事につけるのかを考えることで、毎日なにげなくすごす時間が、意義《いぎ》のある時間にかわるかもしれません。

もう一つ、「獣医《じゅうい》」を意識《いしき》したきっかけがあります。それは、自分の責任《せきにん》でイグアナを飼《か》うようになってはじめて、「もしこのイグアナが病気になったら、どうすればいいんだろう」と考えるようになったことです。そのころ、イグアナの治療《ちりょう》をしてくれる動物病院なんて、ありませんでした。幸い、ぼくの飼っていたイグアナは、大きな病気もなく、長生きしてくれましたが、自分のイグアナが病気になったときに、きちんと治《なお》してあげられる獣医になれたらいいな、と、ぼんやり思っていました。

コラム4 動物とかかわるお仕事

動物が大好《だいす》き！　でも、獣医《じゅうい》とはちがう仕事がしたい……。
そんな人でも、大好きな動物とかかわるお仕事はたくさんあります。
ほんの一例《いちれい》ですが、そんなお仕事をご紹介《しょうかい》します。

①めずらしい動物とふれあいたい

- 動物園や水族館の飼育係《しいくがかり》
- 動物プロダクション

②犬やねこのしつけのお世話をしたい

- ドッグトレーナー
- ブリーダー
- ペットシッター

③ペットをかわいくしてあげたい

- トリマー
- ペットグッズ屋さん

④人の役に立つ仕事がしたい

- 盲導犬訓練士《もうどうけんくんれんし》
- 畜産《ちくさん》農業
- アニマルセラピスト

⑤自然《しぜん》の中の動物のすがたを知りたい

- 野生動物調査員《ちょうさいん》
- 動物カメラマン
- ネイチャーガイド

気になるお仕事はありますか？　自分の特技《とくぎ》と好《この》みを知った上で、どんなお仕事が向いているか、考えてみてください。

ペットのことを話せる楽しさ

獣医《じゅうい》になるための大学に入って、大きな変化《へんか》がありました。それは、まわりにペットのことを話せる相手ができたということです。高校までは、学校に同じ趣味《しゅみ》の友だちはいませんでした。イグアナやカエルの話でもりあがったり、飼《か》い方《かた》の相談をしたりできる友だちは一人《ひとり》もいなくて、よろこびも、不安《ふあん》も、いつも自分だけでかかえていました。

特別《とくべつ》さみしいと思うようなことはなかったのですが、大学に入って、とても大きくなるケヅメリクガメや、平べったいかかわった形をしたパンケーキリクガメを飼っている先輩《せんぱい》に出会ったとき、それまで感じたことのないうれしさを感じたのです。

「こんなところにリクガメを飼っている人がいるなんて……！」

リクガメは飼うのがとてもむずかしい生きものです。それを飼うことは、ぼくのあこがれでした。その先輩《せんぱい》とはじめて話し、じっさいに飼《か》っているカメを見せてもらったときは、興奮《こうふん》しました。その先輩が入っていた探検部《たんけんぶ》に入部して、またまたぼくの人生は生きものに向かってつきすすんでいきます。

一章で少しお話ししましたが、探検部では、人が登るために作られた登山道とはべつのルートで山を登るなど、身一つで自然《しぜん》の中に入っていきます。そうすると、人間がたくさんいるようなところでは出会えない動物と出会えたり、生きものの思いがけない表情《ひょうじょう》を見かけたりできるのです。ぼくは、水を得《え》た魚のように探検に夢中《むちゅう》になり、おさないころ、田んぼで生きもの探《さが》しをしたときのような気持ちで、ずっと夢《ゆめ》に見ていたアマゾンのジャングルへ探検に行くことにもなりました。

大学時代は、神奈川県《かながわけん》で一人《ひとり》ぐらしをしていて、カエルの飼育《しいく》に夢中になりました。カエルは、そんなに広い場所でなくともストレスを感じないし、日光《にっこう》浴《よく》をさせる必要《ひつよう》もないので（カメなど、多くのは虫類《ちゅうるい》は、日光浴が必要なのです）、一人ぐらしのぼくに向いている生きものでした。

そのころ、東京《とうきょう》にはめずらしい生きものを売っているペットショップがあり、種類《しゅるい》もわからないカエルが、世界中から輸入《ゆにゅう》されてきていました。どの国から来たものか、ということしかわからないものもめずらしくありません。気になるカエルが西《にし》アフリカからきたものだと聞けば、その地域《ちいき》のカエルの本を買って(もちろん外国語)、辞書《じしょ》を引きながら一生懸命《いっしょうけんめい》調べます。写真と見くらべ、種類を特定《とくてい》して、くらしている環境《かんきょう》や、食べものを調べたりもしました。

そんなふうに手さぐりで飼育《しいく》していると、思いがけない発見をすることもあります。あるとき、とくにおかしな状態《じょうたい》ではないのに、具合が悪くなってしまったカエルがいたのです。

「何がいけないんだろう……」

急いで調べてみると、パラグアイの乾燥《かんそう》した地域にいる、ソバージュネコメガエルという種類のカエルでした。そこには、「自然《しぜん》の中では木の上で生活している」と書かれていたのです。カエルは水の中でくらすもの——そんな思いこみが、このカエルにダメージをあたえてしまいました。あわてて湿度《しつど》を低《ひく》くして、あたたかい場所を作ってやると、すぐに元気になって、うまく飼《か》うことができました。

大学で獣医《じゅうい》になる勉強をしながら、趣味《しゅみ》でカエルの飼育《しいく》をしていたぼくは、カエルの飼育体験《たいけん》を、は虫類《ちゅうるい》・両生類の愛好家雑誌《あいこうかざっし》に書きました。それがきっかけで、日本ではじめてカエルだけの飼育書を書く機会《きかい》にめぐまれました（『ザ・カエル―世界のカエルの飼育がわかる本』誠文堂新光社《せいぶんどうしんこうしゃ》）。カエルの飼育書のさきがけとして、その本は広く知られるようになりました。

好《す》きなことを、自分らしく

獣医になって改《あらた》めて思うのは、おさないころから自分でくふうして、たくさんの生きものを飼ってきた経験《けいけん》が、医療《いりょう》の現場《げんば》で、さまざまな種類《しゅるい》の動物を診《しん》察《さつ》する役に立っているということです。いろいろな動物の診察は、ただ、動物の体や病気を知っているだけではできません。かれらがどういう土地に住んでいて、何を食べているか、どういう生活をしているか、そういう知識《ちしき》が、治療《ちりょう》の基礎《きそ》となります。

だからみなさんには、生きものと接《せっ》するときの気持ちをわすれないでほしいと思います。生きものを見て「かっこいいな」「かわいいな」と思う気持ちは、飼《か》うにはどうしたらいいんだろう、という気持ちにつながっていきます。そうして調べていくと、新しいことを知るのが楽しくなる。そして、見たことのない生態《せいたい》を発見したときのおどろきや感動は、「もっと知りたい」という気持ちをわきおこしてくれます。

ときには親から「生きものの世話ばっかりしていないで勉強しなさい」と言われるかもしれません。友だちから「かわりもの」と思われるかもしれません。ぼく自身、子どものころは勉強も運動もできるほうではなく、「動物博士《はかせ》」とからかわれました。もし、算数や体育、家庭科のように、「生きものの飼育観《しいくかん》察《さつ》」なんて科目があれば、クラスや学年で一番になる自信《じしん》はあったのですが、もちろんそんな科目はありません。話の合う友だちもほとんどいませんでした。

そんなぼくでも、ずっとあきずに生きものと向きあいつづけてきた結果《けっか》、気づくとたくさんの生きものの病気を治《なお》す獣医《じゅうい》になり、こうして自分の経験《けいけん》をつたえる立場になっていました。この本を読んでくれているみなさんにも、ぼくが生きものを好《す》きなように、大好きなものがあると思います。もしかしたら、生きものにかかわる仕事がしたいと思っている人もいるかもしれませんね。

どんなことでも、自分で考え、好きなことをつづけていくこと。それが、一番自分らしく生きるコツだと思います。そうやって、きちんと向きあっていれば、自分がやってきたことを人につたえることで、たくさんの人の力になれる、そんな経験ができるかもしれません。

第3章

獣医《じゅうい》になってわかったこと

イグアナの治療法《ちりょうほう》は大学では教わらない!?

　前の章で、「自分のイグアナが病気になったときに、きちんと治《なお》してあげられる獣医《じゅうい》になれたらいいな」と思って獣医をめざした、という話を書きました。でも、大学の入学試験《しけん》を受けたときに「とんでもないこと」を知ってしまいました。それは、面接《めんせつ》試験のときです。

　面接官《めんせつかん》の先生に、なぜ獣医学部に入りたいのかと聞かれ、「海外で行われている、イグアナの病気の研究をしたいです！」と、胸《むね》をはって答えました。すると、面接官から「うちの大学ではそういう勉強はしない」と言われてしまいました。ぼくは、おどろくと同時に、はずかしい気持ちでいっぱいになりました。「なんて場ちがいなところにきてしまったんだろう！」と。

みなさん、大学の獣医学部《じゅういがくぶ》は、どんな勉強をするところだと思いますか？ぼくは、「獣医＝動物病院の先生」というイメージが大きかったのですが、じつは、日本の獣医学という学問は、ペットのためにできたものではないのです。日本の大学に獣医学部ができたのは、明治《めいじ》時代にさかのぼります。もともとは、戦争《せんそう》や農業で使われていた馬の病気をみるために生まれました。

そして戦争が終わると、人間が食べたり、農業で使ったりするための、牛、馬、ぶた、にわとりなどの家畜《かちく》を管理《かんり》する仕事が中心になっていきました。つまり、人間が利用《りよう》する動物の病気を調べて治《なお》したり、食べても安全かどうかを検査《けんさ》したりするのが、獣医学という学問のルーツなのです。この役割《やくわり》は現代《げんだい》社会でもとても重要《じゅうよう》で、今でも大学では、ペットの治療《ちりょう》よりもずっと長い時間をかけて、家畜の病気などについて勉強します。

ちなみに、ペット動物の病気や治療《ちりょう》について大学で教えるようになったのは、この何十年かのこと。しかも種類《しゅるい》はほぼ犬だけです。アメリカのように動物医療が進んでいる国では、もう少しいろいろ勉強するようですが、日本ではペットとして数がふえているねこにすら、ほとんど時間をさかず、ましてやは虫類《ちゅうるい》やカエルなどの病気についてはいっさいふれません。

また、獣医学《じゅういがく》を修《おさ》めて大学を卒業《そつぎょう》した人の進路は、ぼくみたいな町の獣医以《い》外《がい》にもたくさんあります。というか、動物病院でペットの命を助ける獣医になる人は全体の半分にすぎません。動物病院のほかには、企業《きぎょう》で薬を開発する人、大学で動物の体や病気の研究をつづける人、食肉処理《しょり》場で食用にする家畜《かちく》をあつかう人や、家畜保健所《ほけんじょ》で食肉が人間の健康《けんこう》を害《がい》さないかを調べる人もいます。

「動物の命を助ける」ことだけが、獣医の仕事ではないのです。

そんなことも知らず、面接試験《めんせつしけん》でとんちんかんなことを言ってしまったぼくですが、試験官《しけんかん》の先生の心が広かったのか、ぶじに大学に合格《ごうかく》することができました。

コラム 5

いろいろなところで活躍《かつやく》する獣医《じゅうい》さん

獣医《じゅうい》さんのお仕事は、動物病院の先生以外《いがい》にも、たくさんあります。ここでは、動物病院以外の職場《しょくば》をご紹介《しょうかい》します。

家畜保健衛生所《かちくほけんえいせいじょ》

家畜《かちく》の伝染病予防《でんせんびょうよぼう》と、感染《かんせん》の拡大《かくだい》を防《ふせ》ぐ。検査《けんさ》をおこなったり、農場がきれいに保《たも》たれるように、指導《しどう》をしたりしています。

家畜診療所《かちくしんりょうじょ》

農場に出むいて家畜《かちく》の病気やケガの治療《ちりょう》をしたり、妊娠《にんしん》や出産《しゅっさん》のめんどうをみたりします。

動物園

何十種類《なんじっしゅるい》もの展示《てんじ》動物の健康管理《けんこうかんり》、病気やケガの治療《ちりょう》をおこないます。

動物検疫所《けんえきじょ》

外国から輸入《ゆにゅう》したり、外国に輸出《ゆしゅつ》したりする動物や食肉などを検査《けんさ》し、動物の病気が海を渡《わた》らないようにしています。

動物愛護《あいご》センター

保健所《ほけんじょ》で保護《ほご》した動物などの治療《ちりょう》、不妊手術《ふにんしゅじゅつ》、健康管理《けんこうかんり》をします。

食肉衛生検査所《えいせいけんさじょ》

お店で売られるお肉を人間が食べても安全かどうか、検査《けんさ》をします。

「獣医語《じゅういご》」を覚《おぼ》えるところから

では、獣医になるために、ぼくらがどんな勉強をするのか、かんたんに紹介《しょうかい》しましょう。一年生ではじめに勉強することの一つに、動物の体の中を知る「解剖学《かいぼうがく》」という科目があります。こう書くと、「いきなり動物を解剖するの？」と思うかもしれませんが、勉強としての解剖学というのは、みなさんがイメージする解剖実習とはちがいます。解剖学というのは、体の中にどんな内臓《ないぞう》があるか、筋肉《きんにく》はどんなふうについているか、どういう骨《ほね》があってどうつながっているか、という、体の基本的《きほんてき》な構造《こうぞう》を学ぶ学問なのです。一年生では、教科書を見ながら、体の構造を一つひとつ勉強し、暗記していきます。

教科書で覚えるだけでなく、じっさいに標本《ひょうほん》を見て、骨の細かいところまで正確《せいかく》にスケッチするという授業《じゅぎょう》もあります。もちろん、絵をかくのが目的《もくてき》ではありません。骨のつくりをていねいに観察《かんさつ》し、各部位《かくぶい》につけられた名前を覚え

ていくのです。

動物の体には、あらゆるところに名前がつけられています。一本の骨《ほね》にも、先っぽのカーブしているところ、太いところ、あるいは細いところ、くぼんだところなど、それぞれに名称《めいしょう》があります。なぜ一つの骨にたくさんの名前があるのかというと、これが獣《じゅう》医《い》共通《きょうつう》の「言葉」になるからです。

外国に行くことを考えてください。その国や地域《ちいき》の言葉を知らなければ、その国の人と話をすることはできないでしょう。ぼくたち獣医も、獣医の世界の言葉を知らなければ、コミュニケーションがとれません。体の名前を覚《おぼ》えることは、「獣医語」を身につけるということなのです。

教科書だけで勉強しているころは、「こんなに細かいところまで覚《おぼ》えて役に立つのだろうか」と思ったこともありましたが、そのとき覚えたことが、じっさいに獣医《じゅうい》になり、動物の細かなケガや病気を調べたり、ほかの獣医さんと意見交換《こうかん》したりするようになった今、とても役立っています。これは、獣医にかぎらず、人間のお医者さんでも同じことがいえると思います。

「動物地図」を手に入れる

もう一つ、獣医学部で学ぶ大事なものに「分類学《ぶんるいがく》」があります。人間のお医者さんは、世界中どこへ行っても、「ヒト」という一種類《いっしゅるい》の動物を治療《ちりょう》しますが、獣医の場合、体の構造《こうぞう》がまったくちがう、さまざまな動物の治療をしなければいけません。そのとき必要《ひつよう》になるのが、この分類学です。いろいろな種類の動物を、にているもの同士《どうし》でグループ分けしていき、授業でそのグループ分

けを覚《おぼ》えます。どの動物がどのグループに属《ぞく》しているのかを知るというのは、動物の世界の地図を手に入れるようなものです。

獣医《じゅうい》をしていると、すがたはにているのに、体の構造《こうぞう》はおどろくほどちがう動物に出会うことがあります。

たとえば、牛と馬は、体の大きさは同じぐらい、四本足で歩いていて、草を食べていますね。それなら、かかる病気も同じかな、と思ってしまいますが、体の中を見てみると、内臓《ないぞう》の数や構造は全然《ぜんぜん》ちがいます。体の中身がそれだけちがうと、とうぜん、かかる病気も治療法《ちりょうほう》もちがってきます。

牛と馬はほ乳類同士《にゅうるいどうし》でのちがいですが、

魚類同士《ぎょるいどうし》でも種類《しゅるい》によって体の構造《こうぞう》がちがうものがいます。たとえば、ニジマスがかかる、胃《い》にカビが生える病気があるのですが、コイはこの病気にならないんです。なぜだかわかりますか？　コイには、胃がないからです。なぞなぞみたいな答えになってしまいましたが、それぞれにどんな臓器《ぞうき》があるかを知っておくことは、治療《ちりょう》の第一歩を正確《せいかく》にふみだすために、とても大切なことです。

今度はは虫類の話をしましょう。みなさんは、ヘビとトカゲをどうやって見わけますか？　かんたんですね。足がないのがヘビ、足が生えていればトカゲ。ところが、ヨーロッパには、アシナシトカゲという、その名の通り足がないトカゲがいます。足がないならヘビでいいじゃないか、と思いますが、細かい体の構造が、ヘビよりもトカゲに近いのです。目で見えることでいえば、ヘビにはまぶたがなく、トカゲにはあるのですが、アシナシトカゲには、ちゃんとまぶたがあるんです。まぶたの有無《うむ》よりも足の有無のほうがずっと大きなちがいのように感じるのに、どうしてトカゲなのかと聞かれると、じつはぼくにもわからないのですが、治療をするときにはトカゲとしてあつかわないといけません（残念《ざんねん》ながらまだ、アシナシトカゲの治療《ちりょう》をしたことはないですけれど）。

ぎゃくに、見た目も大きさもずいぶんちがっているのに同じ仲間《なかま》ということもあります。そのいい例《れい》を先日発見しました。みなさんは、カンガルーの特徴《とくちょう》をいくつあげられますか？　オーストラリアに住んでいる、二本足でとびまわる、おなかのふくろで子育てをする。そんなところでしょうか。

このカンガルーと同じ「有袋目《ゆうたいもく》」の仲間で、フクロモモンガという動物がいます。フクロモモンガはリスぐらいの大きさで、目がくりっとしていてとてもかわいく、ペットとしても人気があります。筋肉《きんにく》もりもりで有名なカンガルーとはにてもにつかないようですが、おかあさんのおなかにあるふくろの中であかちゃんを育てるという共通点《きょうつうてん》があります。

フクロモモンガは、ときどき診察《しんさつ》をすることがあります。そのときずっとふしぎだなと思っていたのが、オスのおちんちんの位置《いち》が、こうがんというまるい玉（いわゆる「キンタマ」）の下にあるんです。人間は逆《ぎゃく》で、こうがんの上におちんちんがついていますよね。フクロモモンガを見るたびに、「おもしろいなあ」と思っていたら、あるとき病院にやってきたカンガルーも、フクロモモンガと同じように、おちんちんがこうがんの下にあったんです！

見た目はこんなにちがうのに、グループが同じだと、体のつくりが近いのです。こんなふうにぱっと見てわかるちがいなら、その場で見れば十分かもしれませんが、体の中を見たときに、あると思っていた臓器《ぞうき》がなかったり、へんな位置《いち》にあったりしたら、こまります。だから、あらかじめ動物地図を手に入れて、どの動物がどのグループに属《ぞく》しているかを知っておくのが、とても重要《じゅうよう》なのです。

動物を「殺《ころ》す」授業《じゅぎょう》

さて、だいぶ話がそれてしまいました。獣医学部《じゅういがくぶ》の話にもどりましょう。今紹介《しょうかい》した二つのほかにも、大学ではさまざまな勉強をします。その代表的《だいひょうてき》なものが、動物実験《じっけん》や解剖《かいぼう》をする授業でしょう。獣医をめざすほとんどの人が、動物が好《す》きで、動物をすくいたくて大学に入ります。それなのに、授業《じゅぎょう》の中で「動物を殺《ころ》す」という現実《げんじつ》に向きあわなければならないのです。

獣医学《じゅういがく》というのは、さきほども書いたように、もともと「動物を助けるため」ではなく、「人間が動物を利用《りよう》するため」の学問です。この基本《きほん》は、今もかわりません。動物で実験《じっけん》をしたり、解剖《かいぼう》したりすることで、今も新しい知識《ちしき》が世界中で発見されています。それらは、教科書や模型《もけい》からだけでは絶対《ぜったい》にわからないことですし、そこでわかったことが、これからの教科書や模型を、より正確《せいかく》で役立つものにしていくのです。

それに、じっさいに動物の体を自分の手で開き、自分の目で見ていない人が、いざ手術《しゅじゅつ》が必要《ひつよう》な動物を前にメスを持つことなんて、できるわけがありません。動物の命をすくうために、動物を「殺す」ことは、さけては通れない道なのです。そのことがわかっているので、獣医学にたずさわる人の中には、「動物実験を中止すべきだ」「解剖なんてすべきじゃない」という人は、ほとんどいません。

でも、そんなぼくらだって、決して軽い気持ちで実験《じっけん》動物の命に向きあっているわけではありません。目の前の動物の体の中で、何が起きているのかを知り、得《え》た知識《ちしき》を今生きている、あるいはこれから生きていくより多くの動物たちに役立てる。そのために、一つの命から、できるかぎりのものを学ぼうと、しんけんにとりくみます。

そうはいっても、やはりどうしても自分の気持ちを整理しきれない、という人は、大学をやめていくこともあります。

以前《いぜん》、ぼくの本を読んでくれた高校生から「獣医《じゅうい》になりたかったけれど、動物を使って勉強する、というのを、どうしても受けいれられそうもないので、動物を直接《ちょくせつ》あつかわない研究者をめざすことにしました。わたしは現実《げんじつ》からにげたのでしょうか」という内容《ないよう》のお手紙をいただいたことがありました。大学に入る前にしっかり調べ、事実に向きあえるかどうかを考えたこの人は、とても誠実《せいじつ》だなと思います。

ぼくは、心をこめて、こんなお返事を書きました。

○×さんへ

ヒトという動物はそれぞれ仕事を持って、おたがいに助けあい、ほろびないように生きぬいています。これは仲間《なかま》でグループをつくり社会を持つライオンやミツバチやシロアリでも同じです。それぞれに役割分担《やくわりぶんたん》があって、その社会の歯車の1つとして生きていくのです。

そんなふうにヒトを社会を持つ動物の一種《いっしゅ》と考えれば、動物実験《じっけん》を行わない仕事の方でも、人間社会のとても大切な歯車になります。

世の中には、じつにさまざまな仕事があります。

どんな仕事であっても、プロの意識《いしき》を持って、世の中のため、大切な人のため、自分のためにはたらき、これが自分の選《えら》んだ道だと胸《むね》をはって言えるようになることが一番大切なことではないでしょうか。

○月×日　田向健一

※掲載にあたり、一部表現を修正しています

獣医《じゅうい》としてはたらいているぼくにだって、得意《とくい》なことや苦手なこと、人にまかせていること、人にまかされていることがあります。夢《ゆめ》に向かって苦手なことをがんばらなければならないときも、もちろんあるとは思いますが、夢に向かう道は、一つとはかぎりません。自信《じしん》がなくなったら、一度頭をやわらかくして、肩《かた》の力をぬいて、ほかの道をながめてみてください。この道なら一生懸《いっしょうけん》命《めい》になれそうだな、という道が見つかったら、きっとそれが、あなたがまわすべき歯車です。そしてその歯車は、どんなに小さかったとしても、社会にとってなくてはならない、大切な一部なのだと思います。

飼《か》い主《ぬし》さんとどう話したらいいか

獣医の道に進んでも、大学を卒業《そつぎょう》したらすぐにりっぱなお医者さんになれるわけではありません。それまでには長い道のりが必要《ひつよう》で、そのあいだもずっと勉強しつづけなければなりません。

大学の勉強の基本《きほん》は、動物の体について学ぶことです。健康《けんこう》な体を知らないと、病気という異常《いじょう》な状態《じょうたい》とのちがいを知ることはできません。じっさいに病気になった動物を治《なお》す勉強は三、四年生になってからはじめ、大学を卒業《そつぎょう》し動物病院で見習いの獣医《じゅうい》としてはたらくようになって、ようやくいろんな病気がわかるようになってきます。そして病気やケガの治療《ちりょう》をするのを見ながら、動物のあつかい方などを勉強していきます。そこでは、教科書にのっていないようなことがたくさんまちうけています。

たとえば、ゼーゼーとあらい呼吸《こきゅう》をしている動物は、レントゲンをとって肺《はい》の様子を調べます。しかしこのとき、ちょっと横にしただけで死んでしまうことがあります。ゼーゼーしている動物のレントゲンをとるときは、立たせたまま、できるだけ体に負荷《ふか》をかけないようにしないと、治療をはじめる前に自分の手の中で死を見とどけることになってしまいます。こういう細かい、具体的《ぐたいてき》なことは、大学の講義《こうぎ》で学ぶことはありません。

ぼくが獣医になってはじめにとまどったのは、じつは飼《か》い主《ぬし》さんとの会話です。とうぜんながら大学では、動物のことしか勉強していません。飼《か》い主《ぬし》さんとどう話をしたらいいかということは、教えてもらえないのです。飼い主さんは、「獣医語《じゅういご》」を使えません。話を聞きながら、獣医語に翻訳《ほんやく》していかなければいけないのですが、これがなかなかむずかしい。

たとえば診察《しんさつ》のときに「うちの子、えさを食べないんです」と相談されたとします。そう言われたら、食欲《しょくよく》がなくなる病気を考えます。消化器《しょうかき》の病気かな、口の中が痛《いた》いのかな。いろんな可能性《かのうせい》を考えて調べてもどこも悪くない。いろんな知識《ちしき》を総動員《そうどういん》しながら考え、よくよく話を聞くと、じつは、おやつの食べすぎでおなかがへっていないだけだった……ということがよくあります。たしかに「えさを食べない」わけなのですが、その言葉だけにとらわれると、まちがった判断《はんだん》をしてしまいます。

ほかにも、「けいれんしています！」と言われて、びっくりして見てみたら、寒くてふるえていた、ということもありましたし、「右目が痛そう」というので見てみたら問題がなく、「おや？」と思っていっしょに確認《かくにん》したら、反対の目、つまり、飼《か》い主《ぬし》さんから見て右側《みぎがわ》の目のことを言っていた、ということもよくあります。

　ぼくたち獣医《じゅうい》は、飼い主さんの話から動物の様子を聞くしかないのですが、かれらの言葉を正確《せいかく》に獣医語《じゅういご》に翻訳《ほんやく》するためには、先入観《せんにゅうかん》を持たずにじっさいの動物と向きあう必要《ひつよう》があるのです。

「ていねいに」「しんちょうに」と何度も書きましたが、これは診察《しんさつ》に時間をかければいいということではありません。動物にとって、なれない病院で、知らない人にじろじろ見られたりさわられたりしながら診察台の上にいる状況《じょうきょう》は、とてもストレスを感じるのです。ポイントをしぼって飼い主さんの話を聞くというのも、獣医に必要な技術《ぎじゅつ》です。でも、その質問《しつもん》の仕方も、大学で教えてくれるわけではありません。新人のころは、何を聞いていいのかもわからず、すぐに治療《ちりょう》の方針《ほうしん》を決められず、あれこれまよい、時間がかかってしまいました。

　たくさん話を聞いてもらえると、飼い主さんには「ていねいな診察をしてもらっている」という安心感があるかもしれません。しかし、本当に動物のことを考えるならば、必要《ひつよう》な情報《じょうほう》を引きだすためにどんな質問《しつもん》をすればいいのかを学び、ある程度《ていど》状況《じょうきょう》を把握《はあく》したらすぐに治療方針《ちりょうほうしん》を決めていく技術《ぎじゅつ》と判断力《はんだんりょく》が大切です。

「なれ」は禁物《きんもつ》

「獣医語《じゅういご》」の翻訳《ほんやく》のほかに、ぼくたちが気をつけなければいけないのは、なれによる思いこみです。いろんな動物の病気と向きあって、「よくある症例《しょうれい》」「注意すべき症状《しょうじょう》」がわかってくると、それに気をとられてしまって、うっかり本当の原因《げんいん》を見おとしてしまうことがあります。

ぼくがやってしまったのは、えさを食べないウサギの診療《しんりょう》のとき。ウサギは、何らかの原因でおなかにガスがたまることがあります。すると、おなかが痛《いた》くなってごはんが食べられなくなってしまうので、まずそれをうたがいました。レントゲンをとってみると、やはりガスがたまっている様子。原因を見つけたぞと思い、マッサージをしてガスをぬいてやって、一件落着《いっけんらくちゃく》……とはいかなかったのです。

ガスがぬけてしばらくしても、このウサギはえさを食べてくれません。へんだなと思って、なにげなく口の中をのぞいたら……歯がのびすぎていて、うまくえさが食べられなくなっていました。「ウサギはおなかにガスがたまることがある」ということばかりに気をとられて、もっと直接的《ちょくせつてき》な原因《げんいん》を見おとしてしまったのです。

三年目をすぎて、ようやく生まれた自信《じしん》

大学を卒業《そつぎょう》してから、ぼくは町の動物病院に勤《つと》めはじめました。ふだんは院長がいるので、わからないことがあっても院長に聞くとアドバイスをくれます。治療《ちりょう》のときも、いつも院長がそばにいてくれるので、まちがっていたら教えてもらえます。でも、あるとき、院長が用事で出かけてしまい、ぼく一人《ひとり》で病院

のおるすばんをしなければならなくなりました。

そのときは、もうドキドキでした。ふだんだって、自分で診察《しんさつ》させてもらっていたのに、院長がいないだけで不安《ふあん》で仕方がなくって。獣医《じゅうい》としてあるまじきことに、「お願《ねが》いだから、どんな動物も来ないで！」といのっていました。

そういえば先日、ぼくの病院で、新人の先生に一人《ひとり》でるすばんをしてもらうことがありました。といっても、夜診療《しんりょう》が終わるまでのたったの一時間です。翌日《よくじつ》、「どうだった？」と聞いたら、「だれも来ないでくれといのっていました」とのこと。そのときは「何言ってるんだよ！」と思いましたが、よく考えたら、ぼくもそんなふうに思っていたな、となつかしく思いだしました。

そんな感じで、卒業《そつぎょう》してすぐに勤《つと》めた病院での一年目は、獣医としては、ほとんど何もできなかったなと思います。動物の病気をある程度自信《ていどじしん》を持ってみることができるようになったのは、三年目をすぎてから。自分の病院を開業したのは、六年間修行《しゅぎょう》をしてからでした。

病院を開いてしばらくは、卒業して一年目のときと同じくらい緊張《きんちょう》しました。

それまでは、こまったことがあれば、院長先生に聞けばよかったのですが、開業したらはそうはいきません。

しかもぼくは、「どんな動物でもみる獣医《じゅうい》になろう」と思っていたので、開業したときも、犬やねこ以外《いがい》の動物を診察《しんさつ》するということを宣伝《せんでん》していました。いきなりなれていない動物が来たらどうしよう……自分で宣伝しておいてなんですが、そんな気持ちでいました。

最初《さいしょ》に来ためずらしい動物は、プレーリードッグでした。プレーリードッグは、前に勤《つと》めていた病院で少しみただけ。心の中で「うわ、きちゃった……」とあせりました。

もちろん、このときのためにいろいろと準備《じゅんび》してきたつもりです。前にはたらいていた病院も、当時めずらしかった、犬やねこ以外の動物を診察する病院で、しっかり勉強させてもらいました。また、自分でも、日本より動物医療《いりょう》が進んでいる海外の本をとりよせて、たくさん読んでいました。それでも、やっぱりじっさいにやってくると緊張《きんちょう》するもの。幸い、そのときは大きな病気でなく、薬を出して終わり、ほっとしました。

勉強、勉強、また勉強

先ほども書きましたが、ぼくは、大学を卒業《そつぎょう》してからもずっと勉強をつづけています。とくに、自分で病院を開いてから十年間くらいは、大学時代いっしょに学んだ仲間《なかま》や、前の病院でいっしょにはたらいていた仲間と、月に一回、勉強会を開いていました。夜八時に病院が終わってから、診察《しんさつ》をしても原因《げんいん》や治療法《ちりょうほう》がよくわからなかった病気などをレポートにまとめて、発表するのです。発表を聞いて、それぞれ自分の勉強してきたことや、診察してきた経験《けいけん》をもとに、治療法などについて意見交換《こうかん》をします。勉強会の日は、夕飯《ゆうはん》をさっとすませ、夜中まで議論《ぎろん》しました。

もしかしたら、みなさんは、獣医《じゅうい》はいつだって正解《せいかい》を知っていて、治療にはたった一つの答えがあって、どんな病気も正しく治療すれば治《なお》る、と思っているかもしれません。でも、じっさいに動物に向きあうと、こんなに一生懸命《いっしょうけんめい》勉強しているぼくたち獣医《じゅうい》だって、わからないことだらけなんです。「正しい治《ち》療法《りょうほう》」があるのかどうかもわからない中で、少しでも動物が元気に気持ちよくすごすためにできることを、まよい、なやみながら考えつづけています。

　こうすれば絶対治《ぜったいなお》る、ということも、こうしなきゃ絶対よくならない、ということもほとんどありません。たくさんある道の中から、それでも一つの治療法をえらんで、やってみる、というのがぼくたちの仕事なんです。

　これは正直、とても不安なことです。目の前に具合の悪い動物がいるのに、どこが悪いのか、どうすれば元気になるのか、さっぱりわからないこともあります。自分が行った治療によって、もしかしたら、ぎゃくに動物の調子を悪くしてしまうかもしれない。それでもぼくたちは、今までの知識《ちしき》をできるかぎり総動員《そうどういん》して、正解《せいかい》に近いと思われる治療の方法を飼い主さんにきちんと提案《ていあん》しなければなりません。

　ぼくがいつも勉強しているのは、知識を少しでも多く持っていれば、知らないときよりも少しだけ、病気を治せる可能性《かのうせい》が高くなると思うからです。

勉強会でほかの獣医《じゅうい》と議論《ぎろん》をすると、同じ病気でも、どの薬を使うかといった治療《ちりょう》の仕方が、獣医によってちがうことがわかります。それぞれの話を聞きながら、どの薬の効果《こうか》が高かったかがわかれば、次の治療《ちりょう》に生かすことができます。病院の中にだけいると、どうしても自分の考えややり方がかたよってしまいます。勉強会は、よりよい治療ができる可能性をしめしてくれる、大切な機会《きかい》なのです。

勉強会以外《いがい》にも、学会という、研究者や大学の先生が、最新《さいしん》の研究について発表する集まりに出席《しゅっせき》したり、同じ地域《ちいき》の獣医さんの集まりに顔を出したりして、仲間《なかま》をふやし、いろんな情報《じょうほう》を集めています。

コラム 6
「獣医《じゅうい》さん」になるには

動物の治療《ちりょう》をするためには、国家資格《しかく》(特定《とくてい》の技能《ぎのう》を認《みと》めるなどのために国がおこなう試験《しけん》に、合格《ごうかく》して得《え》られる資格)が必要《ひつよう》です。試験を受けるためには、高校を卒業《そつぎょう》したあと、大学で6年間、獣医師《じゅういし》としての勉強をする必要があります。

高校卒業《そつぎょう》

▼

大学の獣医学課程《じゅういがくかてい》(6年)

▼

獣医師国家試験《じゅういしこっかしけん》

▼

獣医師免許取得《じゅういしめんきょしゅとく》

▼

大学卒業《そつぎょう》

▼

大学病院や動物病院で
何年か勤務《きんむ》したのち、
開業することが多い

2017年現在《げんざい》、全国に獣医学課程《じゅういがくかてい》のある大学は16校。そこでしっかり学び、国家試験を受け、ぶじに資格がとれたら治療をすることはできますが、動物病院や家畜診療所《かちくしんりょうじょ》ではたらくには、知識《ちしき》や技術《ぎじゅつ》を現場《げんば》でしっかりと身につける必要があります。

手術《しゅじゅつ》が開いた明るい未来《みらい》

大学を卒業《そつぎょう》しても、すぐに一人前になれるわけではない、と書きましたね。それは、手術に関《かん》してもおなじです。病院ではたらくようになっても、めずらしい手術やむずかしい手術は院長がやるので、手術をする機会《きかい》は多くありません。自分で病院を開業してから、一つひとつ経験《けいけん》をつむしかないのです。とはいえ、飼《か》い主《ぬし》さんの大事なペットなので、練習台にするわけにもいきません。自分の技術《ぎじゅつ》ではむずかしい手術が必要《ひつよう》なときには、ほかの病院のベテランの先生に来ていただいて、手つだってもらったり、自分がほかの病院に手つだいに行って、勉強させてもらったりしました。

一つ、思い出に残《のこ》っている手術があります。それは開業したばかりのころにやったミニチュアダックスフントの手術です。この犬は、背骨《せぼね》の骨と骨のあいだでクッションの役割《やくわり》をしている「椎間板《ついかんばん》」という組織《そしき》がとびだして、歩けなくなってしまい、病院にやってきました。人間でいう、「ぎっくり腰《ごし》」のようなものです。ミニチュアダックスフントは胴《どう》が長いことで有名ですが、生まれつき背骨《せぼね》が弱く、この病気になってしまうことが多いのです。

手術《しゅじゅつ》では、背骨にあなを開けて、とびだしている椎間板《ついかんばん》を、耳かきのような器具《きぐ》を使い、ほじってとりだします。しかし、背骨の中には、体を動かすためのとても大事な神経《しんけい》が通っていて、ちょっとでもきずつけると、体の下半分がマヒして、一生歩けなくなってしまいます。

とてもむずかしい手術で、ぼくも、ベテランの先生の手術を助手として何度も見させてもらい、勉強しました。そして、はじめて一人《ひとり》で、この手術をしました。手術を終え、一週間くらいたったころ、その子がぶじに歩けるようになったときは、「自分が治《なお》した！」という実感につながりました。とてもうれしかったです。

動物の命に「まった」なし！

その一方で、今でも思いかえすとつらい手術《しゅじゅつ》もありました。それは、開業してすぐのころから病院に通ってくれていたフレンチブルドッグという犬のことです。開業したてのころは、まだ若《わか》くて経験《けいけん》もあさかったので、大事なペットの命をあずけてくれる飼《か》い主《ぬし》さんは、とても貴重《きちょう》でした。そんな中で、その犬の飼い主さんは「若いけれど、一生懸命《いっしょうけんめい》みてくれる」とぼくを信頼《しんらい》してくださり、まだ犬があかちゃんだったころから、ずっと通ってくださっていました。

ところが、犬が二歳《さい》をすぎたころのこと。「ごはんを食べてもはいてしまう」と、飼い主さんに連《つ》れてこられました。若い犬は、遊んでいるうちに、まちがっておもちゃなどを飲みこんでしまうことがあります。それがうまく消化できず、おなかの中でつまると、おうとするようになります。これは命にかかわる緊急事態《きんきゅうじたい》です。すぐに手術をし、とりださなければなりません。

金属《きんぞく》や石のようなものなら、レントゲンにうつるのですが、布《ぬの》やプラスチックはうつりません。この犬もすぐにレントゲン検査《けんさ》をしましたが、何も見つけられませんでした。

次にできる検査は、バリウムという白いドロドロした液体《えきたい》を飲ませる検査です。バリウムはレントゲンにうつります。飲みこんだバリウムが胃《い》から腸《ちょう》へと体の中を移動《いどう》していく様子をレントゲンで撮影《さつえい》することで、胃や腸がつまっていないかがわかるのです。

このときも、バリウム検査をしました。少し流れが悪いのはわかりましたが、完全《かんぜん》につまっているというわけではなく、微妙《びみょう》なところでした。

「おかしいな、何か、引っかかっているのかな……」

ぼくはまよいました。もしも何かがつまっているのなら、すぐに手術《しゅじゅつ》すべきです。でも、「つまっているかもしれないし、つまっていないかもしれない」という状況《じょうきょう》では、もし手術でおなかを開けてみて、何もつまっていなかった場合、犬の体に負担《ふたん》をかけ、飼《か》い主《ぬし》さんが出した手術代も、むだになってしまいます。

まよいながら半日くらい様子を見ていると、犬の具合はどんどん悪くなっていきました。もう、様子を見ている余裕《よゆう》はありません。そのときにやっと、おなかを開けて手術《しゅじゅつ》する覚悟《かくご》ができました。

夜に緊急《きんきゅう》手術をしたところ、胃《い》の出口に、平べったいプラスチック片《へん》が引っかかっていました。プラスチックだからレントゲンにうつらず、バリウムはその横をすりぬけて、少しずつ流れていたようです。

「うわ、こんなものが引っかかるんだ……」

そう思いながら破片《はへん》をとりのぞき、手術をぶじ終えました。悪いものをとりのぞくと、ふつうなら時間がたつごとに元気になるはずでした。しかし、この犬は次の日、死んでしまいました。手術をすると決めたときには、体が弱りきり、体力がなくなっていたのです。

もっと早く、手術にふみきっていたら。バリウムの流れに異常《いじょう》があったんだから、すぐに対処《たいしょ》すべきだった。どれだけ後悔《こうかい》しても、時間はもとにもどりません。ぼくは申《もう》しわけない気持ちでいっぱいになりながら、飼《か》い主《ぬし》さんに何があったかを説明《せつめい》し、あやまりました。しかし、その飼い主さんは、ぼくを責《せ》めず、「この子の運命だわ」と言って、若《わか》い犬の死を受けいれたのです。

ぼくはこのとき、獣医《じゅうい》になってはじめて、飼い主さんの前で泣《な》いてしまいました。

このできごとは、ぼくの獣医としての大きな転換点《てんかんてん》となりました。

「もし手術《しゅじゅつ》して何もなかったら申《もう》しわけない」という気持ちは、飼い主さんのためのものでも、ペットのためのものでもありません。自分を守るためのいいわけです。これでは、命をすくうことはできません。

自分が感じた「おかしいな」という気持ちを大切にし、今本当に動物にとって必要《ひつよう》な治療《ちりょう》は何かを考えなければ、すくえたはずの命も、すくえなくなるんだ。動物の命を目の前にして「ちょっとまって」なんて言えないんだ、ということを、身にしみて感じました。

動物に頭痛《ずつう》はない!?

「動物にはあって、人間にはない病気ってありますか?」

そんなことを聞かれることがよくあります。動物に病名をつけるのは人間ですから、人間の病気と切りはなすのはむずかしいです。

ぎゃくに、人間にあって動物には「ない」病気なら、すぐにあげられます。

それは、頭痛です。なぜだかわかりますか?

もちろん動物にだって、頭が痛《いた》くなることはあるだろうと思います。でも、言葉が話せない動物には、頭が痛いことをつたえる方法《ほうほう》がないのです。おなかや足などとちがい、頭痛は「頭が痛そうな様子」なんて、外から見てもわからないですよね。だから、動物の病気の本をくまなく探《さが》しても、「頭痛」というページを見つけることはできません。

そう考えると、「病気」というものが、よくわからなくなってきますよね。

調子が悪くても、いつもと様子がちがっていても、それをお医者さんが見つけないかぎり、病気は「ない」のと同じなのです。ただ言葉が話せないだけで、病気が一つ「ない」ことになってしまうなんて、ふしぎな感じがします。

さて、頭痛《ずつう》はともかく、人間がかかる病気の多くは、動物もかかります。たとえば、「痛風《つうふう》」という病気。まだ若《わか》いみなさんにはなじみのない病気かもしれませんが、ぼくぐらいの年齢《ねんれい》の男性《だんせい》になると、切実な問題になってきます。「風がふいても痛《いた》い」というのが病名の由来《ゆらい》で、関節《かんせつ》がとても痛くなる病気です。「ぜいたく病」とよばれることもあるこの病気、お酒やごちそうをとりすぎると発症《はっしょう》しやすくなるので、「お酒が大好《だいす》きなおじさんの病気」というイメージがあります。

しかし、お酒を飲まなくても、は虫類《ちゅうるい》や鳥が痛風になることがあります。この病気の痛みの原因《げんいん》になる尿酸《にょうさん》という物質《ぶっしつ》は、お肉などにたくさんふくまれるたんぱく質から作られます。人間がかわいさのあまり、ペットに栄養満点《えいようまんてん》のえさをあげすぎてしまうと、は虫類や鳥なども、痛風になることがあるのです。

みなさんにもなじみの深い病気だと、口の中におできができる口内炎《こうないえん》は、どんな動物にもよく見られる病気です。とくに、ヘビは口内炎にかかることが多く、「すごいよだれをたらしています！」と、あわててペットのヘビを連《つ》れてくる飼《か》い主《ぬし》さんがよくいます。

白内障《はくないしょう》という、おとしよりに多い目の病気も、よく見かけます。以前《いぜん》、「目が見えないみたいです」ということで、遠方からトカゲを連れてやってきた女《じょ》性《せい》がいました。目の中の透明《とうめい》な部分が白くにごってしまい、目が見えなくなってしまうのですが、人間同様、動物も年をとると、この病気になりやすいです。

それから、耳の病気でよくあるのが中耳炎《ちゅうじえん》。犬などのほ乳類《にゅうるい》でも見かけますが、じつはカメにもとても多い病気です。カメに「耳が痛《いた》い」なんて言えるのか、と思うかもしれませんが、病院にやってくるときは、飼い主さんが「耳がはれている」と連れてこられるんです。

人間の耳は、鼓膜《こまく》が耳の奥《おく》のほうにかくれていますが、カメの鼓膜は顔の横にむき出しになっています。その中で炎症《えんしょう》を起こし、うみがたまると、鼓膜がはれてすぐに気づきます。カメの中耳炎《ちゅうじえん》は、鼓膜《こまく》を切ってうみを出してやれば手術完了《しゅじゅつかんりょう》、鼓膜は自然《しぜん》にくっついていきます。

糖尿病《とうにょうびょう》という病気も、犬、ねこ、ハムスターなどいろいろな動物がかかります。糖尿病は人間にもとても多く、悪化するとつかれやすくなるだけでなく、いろいろなほかの病気を引きおこしてしまいます。一度かかると、完治《かんち》はむずかしく、放っておくと、命にかかわる病気。重くなると、定期的《ていきてき》に注射《ちゅうしゃ》をしなければなりません。

一度、サルの糖尿病の治療《ちりょう》をしたことがありますが、すごくたいへんでした。なぜかというと、この治療をはじめるときは、インスリンをうったあと、一日に四、五回、血液《けつえき》の検査《けんさ》をしなければならないんです。サルに「ちくっとするけどがまんしてね」と言っても、おとなしく採血《さいけつ》させてくれません。ですから、毎回全身麻酔《ますい》をして、ねむっているあいだに採血しなければなりませんでした。

人間なら「ちょっとのがまん」ですむ治療でも、動物になるとおおごとになってしまいます。

「命の現場《げんば》」に教科書はない！

毎年、病気の数がふえています。

そういうとおどろく人も多いと思いますが、新しく細菌《さいきん》やウイルスが作られている、という意味ではありません。では、なぜ病気がふえるかというと、むかしからあって「原因不明《げんいんふめい》」だと思っていたものが、科学技術《ぎじゅつ》の進歩で解明《かいめい》されてきた、ということです。たとえば、犬やねこの脳《のう》の病気が見つかり、治療《ちりょう》をできるようになったのは、ほんの十年前ぐらいからです。

それまで脳の病気がなかったのに、とつぜんあらわれたわけではありません。脳をくわしく検査《けんさ》できる機械《きかい》が広く使われるようになり、人間以外《いがい》の動物にも使われはじめたために、脳の病気が具体的《ぐたいてき》にわかってきたのです。

動物の病気は、まだまだわからないことのほうが多いかもしれません。ぼくは、大学で勉強していたころ、「病気」というのは調べればわかるものだと思っていました。教科書にはいつでも「答え」がのっていました。

でも、病院ではたらきはじめて「わからない」ということが、わかるようになりました。

「げりをしている」「はいている」「元気がない」……毎日たくさんの動物たちが、いろんな症状《しょうじょう》をうったえて（じっさいにうったえるのは飼《か》い主《ぬし》さんですが）病院にやってきます。そしてぼくらは、なぜ不調《ふちょう》があるのか、なんの病気なのかを調べるために、さまざまな検査《けんさ》をします。

でも、病気の原因《げんいん》は一つだけではなく、いくつかの問題がかさなって起きていることが多いのです。飼い主さんにはっきりと、「ここが悪いので、こうすれば治《なお》ります」と言って安心してもらえることは、そう多くはありません。病気のなりたちはとても複雑《ふくざつ》なのです。

犬やねこなどの、むかしから飼われている動物ですらそんな状況《じょうきょう》です。は虫《ちゅう》類《るい》や両生類などのめずらしいペットについては、治療《ちりょう》をするようになってから、まだ歴史《れきし》があさいので、検査で何かしらの数字が出たとしても、どの数字が

「正常《せいじょう》」なのか、目安となる過去《かこ》のデータがないことがほとんど。明らかに具合が悪そうなのに、原因《げんいん》をつきとめることもできず、目の前で弱っていくすがたを見ていることしかできない、という経験《けいけん》もたくさんあります。

それでも、「わからない」ことを受けいれ、原因がはっきりしない中で、動物の状態《じょうたい》をていねいに見て、過去ににた症例《しょうれい》がないかを調べ、あるかないかわからない「答え」を必死《ひっし》に探《さが》していきます。命の現場《げんば》は、教科書にのっていないことで満《み》ちているんです。

治《なお》せないことを受けとめる

原因や病気がつきとめられたとしても、治せない病気というのもたくさんあります。とりわけ、年をとって心臓《しんぞう》やじん臓が悪くなったり、目が見えづらくなったり、とりきることのできないガンができた場合、病気が進むスピードをおそくしたり、痛《いた》みをとりのぞくことはできても、もとの健康《けんこう》な状態にもどすことはできません。

　車でも、何年、何十年と乗りつづけていれば、エンジンやタイヤなどのはたらきが悪くなってきます。古く、もろくなったものは、新品同様のはたらきをすることはありません。でも車であれば、部品を交換《こうかん》することができます。けれども、生きている動物は、内臓《ないぞう》を車の部品のように交換することはできないので、古くなったものを使いつづけていくしかないのです。

「治《なお》せない」ということを飼《か》い主《ぬし》さんにつたえるのは、じつは今でも苦手なことの一つです。悪いことをしたわけでもないのに、なぜか後ろめたい気持ちになります。たとえ完治《かんち》はできなくても、病院にやってきた動物の病気を発見し、原因《げんいん》をつきとめること自体は、本来はいいことのはずなのに……何年たっても、なれることがありません。

　先日も、鼻がはれたおとしよりのねこがやってきました。ぱっと見た瞬間《しゅんかん》、「ああ、これはガンだな」と感じました。でも、飼い主さんの、病気が軽いものであってほしいと願《ねが》う気持ちが、ひしひしとつたわってきました。

その日は検査《けんさ》をせず、一週間後にまた来てもらうことにしました。すると、顔のはれは大きくなっており、細胞《さいぼう》を少しとって検査をすると、残念《ざんねん》ながらやはりガンでした。しかも、この位置《いち》ではとても手術《しゅじゅつ》できそうにありません。どんどん大きくなり、ごはんを食べられなくなって死んでいくことになる、ということが、それまでの経験《けいけん》から予想できます。

飼《か》い主《ぬし》さんに「これから、どうなっていくのですか」と聞かれたとき、なんと答えればいいかわからず、頭の中でグルグルといろいろなことを考えました。言葉にできたのは、一言、「大きくなっていきますね」ということだけでした。

「つめたいな」と思いますか？

でもぼくは、こういうとき、できるだけ冷静《れいせい》に、事実だけをつたえるようにしています。

病院をはじめたばかりのころは、飼い主さんの心によりそって、知っているかぎりのことをつたえよう、最後《さいご》まで回復《かいふく》を信《しん》じて、いっしょにがんばろうと思っていました。それが獣医《じゅうい》のぼくにできるベストなのだと。でも、そうしているうちに、ぼくが飼《か》い主《ぬし》さんをよけいに苦しませているのではないか、と疑《ぎ》問《もん》を感じるようになっていきました。

がんばっても、いのっても、治《なお》せない病気は確《かく》実《じつ》にあります。そのきびしい現《げん》実《じつ》を受けとめきれていないあいだ、飼い主さんは、「何かできることがあるんじゃないか」「あきらめずにがんばれば、治《ち》療《りょう》法《ほう》が見つかるんじゃないか」と考えつづけてしまいます。そして、そのかいなく死んでしまったときに、「もっと何かしてやれたんじゃないか」と自分を責《せ》めてしまうのです。

獣《じゅう》医《い》のぼくが、感《かん》情《じょう》をおいておき、「治せない」とつたえることで、「動物はいつか必《かなら》ず死ぬ」という事実を飼い主さんにも受けとめてほしい。それが、結《けっ》果《か》的《てき》に飼い主さんの心をすくうのではないかと、今ではそう考えています。

飼い主さんとのやりとりは、動物の病気をみることより、もっとずっとむずかしいものだと感じることがあります。ペットは、飼い主さんのものです。命も、飼い主さんにゆだねられています。ぼくが「この治療がいい」と提《てい》案《あん》しても、飼い主さんがやらないといえば、それにしたがうしかありません。

入院して治療《ちりょう》をすれば元気になるはずの動物がいても、「ひとりぼっちで入院させるなんてかわいそう」と言われれば、むりやり入院させることはできません。そのときは、飼《か》い主《ぬし》さんが納得《なっとく》できる治療法《ちりょうほう》を考えなくてはいけません。

治療の方法は、答えが一つではありません。治《なお》せない病気のときでも、考えられる対処法《たいしょほう》の中から、一つをえらばなくてはなりません。どの方法が一番正しいのか、そもそも正しい治療とは何なのか、答えは最後《さいご》までわかりません。

そして、あたり前ですが命の最終地点が「死」であることは、だれにもかえられません。「命をすくう」獣医《じゅうい》のぼくでも、それは同じです。命を前にすると き、ぼくは無力《むりょく》さをひしひしと感じます。これが、動物の命にかかわる仕事の、一番つらいことかもしれません。

やりがいを感じる瞬間《しゅんかん》

「もうこの仕事、やめたいな……」

ときどきふと、そんな思いが頭をよぎります。命を前にして人間にできることは、ほんのわずかです。動物が自分で病気を治《なお》す力を引きだすのを助けたり、痛《いた》みを少なくしたり、という、ほんの少しのお手つだいくらいでしょう。治療《ちりょう》がとてもうまくいったとしても、たいていのペットの命は、人間よりもずっと短いです。がんばってハムスターの病気を治して、寿命《じゅみょう》まで生きてくれたとしても、せいぜい二、三年。その短い時間のために、最新《さいしん》の医療技術《いりょうぎじゅつ》や薬を駆使《くし》し、決して安くない医療費《いりょうひ》を飼《か》い主《ぬし》さんから受けとることに、疑問《ぎもん》を感じてしまう瞬間《しゅんかん》があるのです。

「これだけの技術とお金があれば、何人もの発展途上国《はってんとじょうこく》の子どもたちの命をすくえるはず……そのほうが、意義《いぎ》があるんじゃないか」

そんな複雑《ふくざつ》な気持ちも、ときおり顔をのぞかせます。

それでもぼくが、この仕事を投げださないのは、おさないころから、大好《だいす》きな生きものとずっと向きあいつづけてきて、「生きもののことなら、だれにも負けないぐらい考えてきた」という自信《じしん》があるからです。

「カエルの具合が悪くて」とご相談に来られる飼《か》い主《ぬし》さんがいます。昔からカエルを身近で見てきたぼくだから、「たしかに具合が悪そうですね」と気づき声をかけることができます。どんなに教科書を読んで獣医《じゅうい》の勉強をしたとしても、ひと目見てカエルの顔色が悪いと感じとることはできません。

さきほど役割分担《やくわりぶんたん》と書きましたが、ぼくはなやみにぶつかるたび、自分の役割は、生きものを助ける歯車としてベストをつくすことなんだ、と思いなおします。

もちろん、この仕事をやっていてよかったなと思う瞬間《しゅんかん》も、たくさんありま す。ペットが元気になったすがた、そしてそのことを飼い主さんがよろこんでくださるすがたを見ることは、何よりうれしいです。飼い主さんから信頼《しんらい》してもらっているな、と感じると、はげみになります。

少し前、こんなことがありました。緑内障《りょくないしょう》をわずらう犬の飼い主さんで二年ほどのおつきあいになる人がいます。緑内障とは目の病気。治療がおくれると、目が見えなくなってしまいます。早めに気づけば進行をおそくすることができますが、一度進行してしまうと完全《かんぜん》にもとにもどることはありません。飼い主さんにそのことをつたえたとき、何か言いかえされたわけではありませんが、なんとなく、「あまり信用《しんよう》されていないのかな」という感じがしました。

どんな治療《ちりょう》も、飼《か》い主《ぬし》さんに理解《りかい》してもらい、同じ方向をめざさないと、ベストの治療はできません。そこでぼくは、目の治療を専門《せんもん》にしている獣医《じゅうい》を紹《しょう》介《かい》しました。動物のことを考えたとき、飼い主さんが信頼《しんらい》できる先生といっしょに治療をするほうが、ずっといい結果《けっか》になると思ったからです。

紹介してしばらくして、「あの子、どうしたかな」と思っていたころ、その飼い主さんが犬を連《つ》れて、ぼくの病院へもどってきました。今まで、飼い主さんのほうから話をされることはあまりなかったのですが、その日は、「先生の言う通りでした。これからも、どうぞよろしくお願《ねが》いします！」と笑顔《えがお》を見せてくれました。どうやら専門の先生からも、同じことを言われたようです。

ぼくは、このときはじめて、その飼い主さんが自分のことを信頼してくれたんだなと思え、とてもうれしい気持ちになりました。獣医と飼い主さんは、ペットを通してしかつながっていません。それでも、こんなふうに心を開いてもらったとき、飼《か》い主《ぬし》さんのペットに向きあって、ぼくにできることをせいいっぱいすることで、飼い主さんの心をささえることができているんだなと、やりがいを感じます。

「常識《じょうしき》」のわくをこえて

もう一つ、この仕事をやっていてよかったなと思うのは、診療《しんりょう》をつうじて新しく発見したことを学会で発表し、評価《ひょうか》をしてもらえたときです。

病院での仕事は、病院に来てくれた動物をすくうことはできますが、どんなにがんばっても、一日にすくえる動物の数はかぎられてしまいます。一度学んだこと、身につけたことを次にいかせるのは、また同じ症状《しょうじょう》の動物が、ぼくの病院に来てくれたときだけです。でも、学会で新しい治療法《ちりょうほう》を発表する、ということは、これから先、全国の、もっといえば全世界の獣医《じゅうい》さんのもとに連《つ》れてこられた動物が、よりよい治療《ちりょう》を受けられる、ということです。

「新しい発見をする」というと、すごくたいへんなことをしなければいけない、と思うかもしれませんが、そうむずかしいものともかぎりません。何度も書いているように、ペットの医療《いりょう》は、まだまだ歴史《れきし》があさく、わかっていないことも多いです。わからない中で治療しているのですから、今「あたり前」だと思われている治療の方法《ほうほう》よりも、ずっといい治療法が、これから先いくらでも生まれていくはずです。

一章で紹介《しょうかい》したカメの治療法は、今、海外のカメもすくっています。それを発見できたのは、それまでのやり方を「これがカメの治療の正解《せいかい》」と思いこまず、カメの負担《ふたん》をへらせる方法があるはずだと考えつづけたからです。

薬も同じです。「この病気にはこの薬」というのが常識《じょうしき》になっていても、研究が進めばもっといい薬ができるかもしれません。今治《なお》せない病気も、ほんのちょっとしたことがきっかけで治せるようになる日が来るかもしれません。ぎゃくに、今「正しい」とされている治療法が、研究した結果《けっか》、動物を苦しめていたとわかる日が来るかもしれません。

これは、獣医《じゅうい》の世界にかぎりません。みなさんが今「正しい」と思っているものが、ある日とつぜん、まちがいだと言われる日が来ることもあると思います。教科書にのっているものも、すべてが絶対《ぜったい》に正しいとは、ぼくは思っていませんし、じっさい今までに、たくさんの「常識《じょうしき》」がくつがえされてきました。

ただ、今わかっていることをしっかり勉強することは、とても大切です。人類《じんるい》の歴史《れきし》の中で、たくさんの人が考えた結果《けっか》たどりついたのが、今教科書にのっていることなので、一人《ひとり》の頭で考えるよりは「正しい」と思います。でも同時に、あたり前だと思っていることを、「もっといい方法《ほうほう》があるかもしれない」「まちがっているかもしれない」とうたがい、考えることで、たくさんの人がすくわれる可能性《かのうせい》もある、ということも、心のかたすみにとめておいてほしいと思います。

第4章

命を飼《か》う、ということ

命の終わりを考える

この本を読んでくれているみなさんは、すでにペットを飼《か》っているかもしれません。あるいは、これから飼いたいと思っているかもしれません。そんなふうに思っていなくても、いつか飼う日が来るかもしれません。そんなみなさんに、知っておいてほしいことがあります。

それは「命には必《かなら》ず終わりがある」ということです。

「いきなり、終わりの話!?」と思いますか？　でもこれは、生きものを飼う上で、とても大切なことなのです。

大きな病気やケガをしなくても、ペットはいずれ、死んでしまいます。あたり前のことですが、人間もふくめ、命とはすべて、はかないものです。

ぼくは獣医《じゅうい》として、たくさんの動物の死に立ちあってきました。そして、終わりをむかえる命を前に、飼《か》い主《ぬし》さんが「ずっといっしょにいたいのに……」「わたしの飼い方が悪かったのかしら」と苦しむすがたも、たくさん見てきました。

そういうとき、思うんです。

「いつか終わりがくるとわかっていれば、こんなに苦しまないのに……」

もちろん、愛情《あいじょう》をたくさん注いできたペットがいなくなるのは、ぼくだって悲しいです。しかし、そのときを覚悟《かくご》してむかえるのと、死を受けとめられずにいるのとでは、その後の苦しさが全然《ぜんぜん》ちがいます。飼いはじめるときから終わりを意識《いしき》することで、ペットが元気なうちから、かぎられた時間を大切にできますし、最期《さいご》のときをむかえる心の準備《じゅんび》をしはじめることができます。

最期《さいご》まで、いっしょにすごす

気持ちの面以外《いがい》にも、「終わり」を意識《いしき》することは大切です。

ペットには、それぞれ寿命《じゅみょう》があります。その寿命までの時間を、自分が環境《かんきょう》を整えつづけ、いっしょに生きていけるのか、よく考えなければなりません。

ペットには、犬やねこのように、人間と同じ環境で生きているものと、は虫《ちゅう》類《るい》や両生類、魚類のように、人間と同じ環境では生きていけないものがいます。後者のようなペットを飼《か》う場合は、たとえば温度管理《かんり》、水の入れかえ、水槽内《すいそうない》のそうじなどをていねいに行えるかどうか。これから中学生になり、高校生になり、大学生になっても、ペットが生きているかぎり、お世話をしつづけられるかどうか。必要《ひつよう》なものをそろえ、えさをあたえ、必要なときに病院に連《つ》れていくお金を持っているかどうか。十年生きるペットを飼う場合は、十年先のことまで考えておく必要があります。

個体差《こたいさ》はありますが、ペットの種類《しゅるい》によって、だいたいどれくらい生きるか、少し調べればわかります。たとえばカブトムシは、夏に生まれて秋には死んでしまいます。わずか数か月の命です。ハムスターは二、三年。ハリネズミは六、七年。ウサギは十年くらい。犬やねこは十五年くらいですが、大型犬《おおがたけん》は少し短くて、十年から十二年くらいです。鳥の寿命《じゅみょう》はけっこう長くて、セキセインコやジュウシマツで八年から十二年、オウムには人間と同じくらいか、それ以《い》上《じょう》生きる種類もいます。

金魚は五年、十年生きることもありますし、熱帯魚《ねったいぎょ》で有名なアロワナは二十年以上生きます。「カメは万年」という言葉もありますね。もちろん一万年生きるカメはいないはずですが、大きなゾウガメになると、人間の寿命をこえて、百年以上生きるといわれています。ミドリガメという名前で知られているミシシッピアカミミガメも、軽い気持ちで飼《か》いはじめる人が多いですが、四十年ほど生きます。カエルは種類によって二、三年のものから、二十年、三十年と生きるものもいます。

ぼくが今飼《か》っているアフリカ産《さん》のウシガエルは、大学三年生のときに飼いはじめたもので、すでに二十年以上《いじょう》生きていることになりますが、今でもぴんぴんしています。ヒョウモントカゲモドキという二十センチたらずのヤモリも、二十二年飼っています。引っこしてもそれらのめんどうがみられるか、きちんと考えて飼いはじめましたし、長いこといっしょにくらしてきて、元気なすがたを見せてくれる、ぼくの生活になくてはならない相棒《あいぼう》になっています。

捨《す》てられたねこはどうなるの？

「飼えなくなったら捨てればいい。保健所《ほけんじょ》に連《つ》れていけばいい。だれかが代わりに飼ってくれるはず」。そう考える人はたくさんいるようで、今でも捨てられるペットはたくさんいます。捨てられたペットはその後、どのような運命をたどるのでしょうか。動物によってもさまざまですが、身近なものとして、ねこの例《れい》を考えてみましょう。

捨《す》てられたねこは、運よく拾われるごくわずかな場合をのぞき、飼《か》い主《ぬし》のいない野良《のら》ねこになります。そうすると、具合が悪くなっても病院にいけません。おなかがすくと、ごみをあさったり、鳥などの動物をつかまえたりして生きのびます。ときどき、野良ねこのためを思ってえさをやる人もいます。その人は、やさしい人なのかもしれませんね。でも、野良ねこにえさをやるのは、かならずしも「いいこと」とはいえません。

ここにいればえさがもらえると思うと、その場所にねこが集まるようになります。ねこが集まってごろごろしていたり、なでさせてくれたりすると、ほのぼのとしますね。でも、たくさんのねこが集まるところには、たくさんのフンやおしっこが残《のこ》されます。自分の家が、よそのねこのフンやおしっこでくさくなってしまったら、いやな気持ちになる人もいます。きれいに手入れされている庭に入りこみ、あらすこともあります。すると、ご近所さん同士《どうし》で、トラブルが起こってしまいます。

また、人になれて警戒心《けいかいしん》をなくしたねこは、交通事故《こうつうじこ》にあいやすくなります。

でも、ケガをしても、病院に連《つ》れていってお金をはらってくれる飼《か》い主《ぬし》さんはいません。死んでしまうことだってあります。

ぼくとしては、えさをあたえたい、元気に生きのびてほしいという気持ちがあるのなら、責任《せきにん》を持って自分の飼いねことして育ててあげてほしいです。でも、それだってすべての野良《のら》ねこを人間たちが手わけして飼いきれるわけではありません。大人《おとな》の野良ねこはどんどん子どもを産《う》み、ふえていきます。

そうしてふえすぎた野良ねこは、つかまえられ、保健所《ほけんじょ》に連れていかれます。保健所では、保護《ほご》したねこの新しい飼い主さんを探《さが》します。しかし、一生保護しつづけることもできません。しばらくまってもいい出会いがない場合は、その地域《ちいき》のルールにのっとって、一定期間をすぎると殺《ころ》されてしまいます。

最近《さいきん》では、そうした運命をたどるねこがこれ以上《いじょう》ふえないように、野良ねこが子どもを産めなくなるような手術《しゅじゅつ》をする活動が広まり、効果《こうか》も出ていますが、新たに捨《す》てられるねこがふえれば、その活動も追いつかなくなってしまいます。

コラム 7

地域《ちいき》ねこプロジェクト ——TNR《ティーエヌアール》活動とは？

TNR《ティーエヌアール》とは、世界で唯一効果《ゆいいつこうか》があるといわれている、飼《か》い主《ぬし》のいないねこ対策《たいさく》です。そのままにしておくと、どんどん子どもが生まれ、「飼い主のいないねこ」がふえていってしまう。すると、生まれてきたねこにとっても、まわりの住人にとっても、負担《ふたん》となってしまいます。そこで、市などの役所とボランティアさん、そして獣医《じゅうい》が協力《きょうりょく》して、野良《のら》ねこをつかまえ、子どもができないように手術《しゅじゅつ》してから、もとの場所に返す、という活動が、全国で行われるようになりました。

作戦《さくせん》①：つかまえる
えさをしかけたわな（＝捕獲器《ほかくき》）で、野良《のら》ねこをおびきよせ、つかまえます。

作戦《さくせん》②：避妊《ひにん》、去勢《きょせい》手術《しゅじゅつ》をする
オス、メス、それぞれ手術《しゅじゅつ》をして、子どもを産《う》めない体にします。

作戦《さくせん》③：もといた場所に返す
寿命《じゅみょう》をまっとうするまで、もとの場所で自由にくらします。

手術《しゅじゅつ》をすることでにおいがやわらかくなったり、メスをめぐるオスどうしのケンカがなくなったりして、地《ち》域《いき》でおだやかにくらしやすくなる、という効果《こうか》もあるんだ。

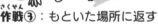

「自然《しぜん》にかえされた」生きものたち

犬やねこは、先ほど少し書いたように、一度保護《ほご》され、新しい飼《か》い主《ぬし》さんを探《さが》しますが、そんな機会《きかい》もなく、害《がい》のある生きものとして殺《ころ》されてしまう「もとペット」もいます。一時期多かったのは、ミシシッピアカミミガメ、通称《つうしょう》ミドリガメ。外国からやってきたカメです。

飼いはじめるころは小さくて、きれいな緑色をしていますが、数年たつと黒く、大きくなって、大きな水槽《すいそう》でないと飼えなくなります。寿命《じゅみょう》は四十年もあります。飼いきれなくなって、川や池に捨《す》てる人がたくさんいました。おそらくその人たちには、「捨てる」という意識《いしき》はあまりなく、「水槽より広くて自由な自然にかえそう」と思っているのでしょう。しかし、海外から来たカメを日本の野外に「かえす」のは、全然自然なことではありません。

ミドリガメは食欲《しょくよく》おうせいで、とてもじょうぶなカメです。日本には古くからニホンイシガメというカメがいましたが、ミドリガメはイシガメの卵《たまご》や子どもを食べてしまったり、イシガメの食べものをうばってしまったりするので、ミドリガメがやってきてから、イシガメは一気に数がへってしまいました。

おまけに、ミドリガメは北米原産《ほくべいげんさん》のカメですから、日本の寒い冬も平気です。こうしてミドリガメは日本の自然《しぜん》の中でどんどんふえつづけ、いまや全国の川や池で、もっとも多く見られるようになりました。

一章で登場したカミツキガメも、同じです。大きくなったり凶暴《きょうぼう》さにこまって飼《か》いきれなくなったりして、捨《す》てる人があとをたちません。そして、日本にもともといた自然界の生きもののバランスを、くずしています。

「自然にかえしてやろう」という飼い主さんの軽い気持ちが、こんなことを引きおこしているということを、みなさんには知っておいてほしいと思います。

病院にやってくる「もとペット」たち

時には、人に飼《か》われていない生きものが、病院にやってくることもあります。あるとき、家のガレージで野良《のら》ねこが子どもを産《う》んで、親ねこがどこかにいってしまったと、子ねこを二匹《ひき》連れてきた人がいました。生まれて一、二日目、大きさは十五センチメートルくらいしかありません。体がひえないように温めて、数時間ごとにミルクをあげなければ死んでしまうでしょう。でも、連れてきた人には小さいお子さんがいて、とてもねこのめんどうまではみられないというお話でした。

病院であずかるといっても、診察《しんさつ》や手術《しゅじゅつ》をしながら数時間おきにお世話をするのはむずかしい。そこで、ぼくが家に連れてかえることにしました。ぼくには小学生の子どもが二人《ふたり》います。ちょうど夏休みだったので、一匹《ぴき》ずつお世話をし、二か月間の成長《せいちょう》記録《きろく》を夏休みの自由研究にしました（一四八ページ）。

本当はその後、飼《か》ってくれる人を探《さが》すつもりだったのですが、子どもたちが自分たちでちゃんと飼いたいと言いだして、今ではぼくの家の飼いねこになっています。

またあるときには、血まみれのカメが病院に運びこまれたこともありました。チズガメという種類《しゅるい》のカメで、どうやら車にひかれたらしく、こうらがバラバラにわれて、今にも死にそうな状態《じょうたい》でした。

チズガメはもともとアメリカやカナダの川などに住んでいます。捨《す》てられて野良《のら》ガメになったうちの一匹《ぴき》でしょう。先ほどのミドリガメやカミツキガメと同じように、自然界《しぜんかい》の生きもののバランスをくずしてしまう可能性《かのうせい》がある動物です。でも、目の前できずついているカメを、放っておくこともできません。

「もう助からないかな……」

と思いましたが、酸素室《さんそしつ》に入れて数日様子をみて、後日、われたこうらをはりあわせました。するとそのカメは、一か月後、ちゃんと元気になりました。あんなに重症《じゅうしょう》だったのに……感動しました。

でも、せっかく元気になっても、外国から来たカメは、近所の川には放せません。結局《けっきょく》そのチズガメも、ぼくの家でくらしています。

ぼくは獣医《じゅうい》ですから、ケガをしている動物が運びこまれたら、できるだけのことをしたいと思います。でも、やってくる動物すべてをぼくの家で飼《か》うわけにはいきません。動物病院をやっていて、こまってしまう問題の一つです。

「かわいそう」は、人間の思いこみ

海外から来たカメとはぎゃくに、スズメ

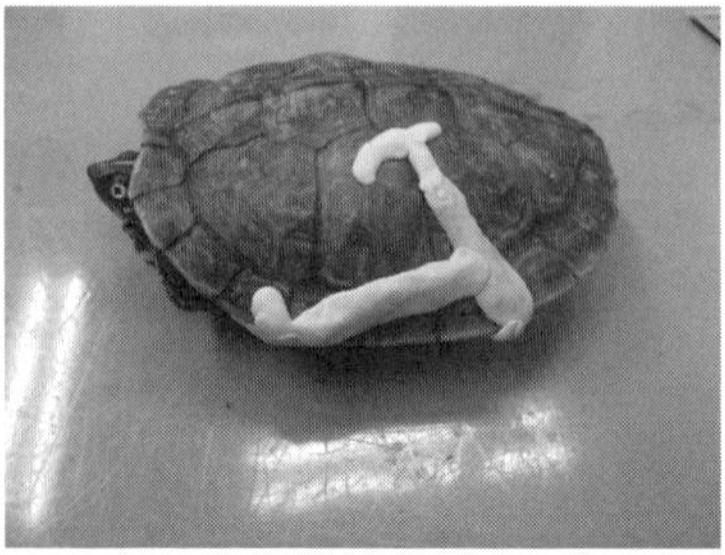

治療中《ちりょうちゅう》のチズガメ。
ばらばらにわれたこうらをはりあわせた。

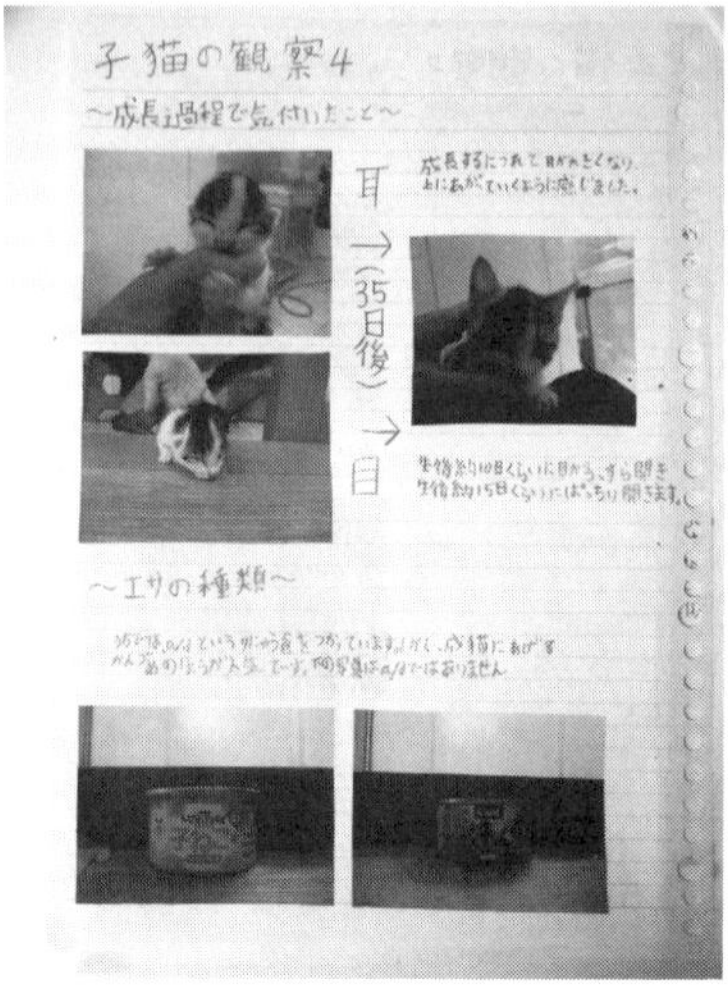

夏休みの自由研究として
提出《ていしゅつ》した「子猫《こねこ》の観察《かんさつ》」。

などの野生動物は、人間がペットとして飼育《しいく》してはいけないことになっています。しかし、そんな野生動物が連《つ》れてこられることもよくあります。

ある日「これ、拾ったんですが」と、学校帰りの小学生が連れてきたのは、道に「落ちていた」鳥のひなでした。でもそれは落ちていたのではなく、巣《す》からとびたつ練習をしていたひな。多くの場合近くに親鳥がいて、人間のすがたが見えなくなると世話をしにもどってきます。それを勝手に連れてきてしまうのは「誘拐《ゆうかい》」と同じ。本当は、そのままにしておかなければいけません。

病院に連れてこられてしまったひなは、ケガをしていなければ、もとの場所にもどすようにお願《ねが》いしています。けれど、多くの人が、「ねこに食べられる」「カラスにねらわれる」「かわいそう」と、病院においていってしまいます。

鳥にとってはひなを誘拐されてしまうほうが「かわいそう」なのに……。

そんなふうに思いながら一度あずかり、元気ならそのまま、ケガをしていたら治療《ちりょう》をして、自然《しぜん》にかえします。

この「かわいそう」という気持ちはちょっとやっかいです。かわいそうと判《はん》断《だん》しているのは、あくまで人間で、その動物が本当に痛《いた》かったり、苦しかったり、さみしかったりするのかは、その動物にしかわからないからです。

これは、鳥のヒナだけの話ではありません。ペットの診療《しんりょう》をしていると、ぼくが治療《ちりょう》をすすめたり、正しいえさのやり方をアドバイスしても、「注射《ちゅうしゃ》がかわいそう」「うちの子、そのえさは好《す》きじゃないからかわいそう」と言われることがあります。たしかに、ぱっと考えるとかわいそうなこともあるかもしれません。でも、病気が治《なお》らず、つらい状況《じょうきょう》が続《つづ》くほうが、ぼくはかわいそうだと思います。

ですから、動物のことを考えるときには、いったん人間側《にんげんがわ》の感情《かんじょう》は置《お》いておいて、これからその動物が生きていくうえで、なにが必要《ひつよう》なのかをしっかり考えないといけないと思います。「かわいそう」ということで、ほかのすべての可能性《かのうせい》を消してしまっては、せっかく動物のことを思っていたとしても、逆効《ぎゃくこう》果《か》になってしまうと思うのです。

動物の具合が悪いときのサイン

ここまで、ペットを飼《か》うにあたっての心がまえについて、お話ししてきました。ここからは、いざペットをむかえいれてからのお話をしていきます。

動物は言葉を話せないので、具合が悪いことをつたえることができません。それに、弱っているすがたを人に見せないようにする動物がほとんど。そのため、飼い主さんが異変《いへん》を感じて病院に連《つ》れてきたときには、すでにかなり悪い状態《じょうたい》になっていた、ということが少なくありません。少しでも早く治療《ちりょう》ができれば、そのぶん元気になる可能性《かのうせい》は高まります。そこでここでは、いろいろな動物の、具合が悪いときのサインをご紹介《しょうかい》します。

まず、多くのほ乳類《にゅうるい》に共通《きょうつう》していえるのは、丸まって動かなくなること。みなさんも、その感覚《かんかく》はわかるのではないでしょうか。犬やねこ、ウサギなども、食欲《しょくよく》がなくなり背中《せなか》を丸めてじっとしているときは、気分が悪いサインです。

鳥は体温が高い動物で、四十度から四十一度もあります。しかし、具合が悪くてえさを食べなくなると、熱《ねつ》を作れなくなって体温が下がります。すると、外のつめたい空気から体を守るために、羽毛《うもう》をさかだてて羽のあいだに空気の層《そう》を作ります。見た目には、体の大きさがひとまわり大きくなったように見えるのですが、これが体温を保《たも》てなくなっているサインです。ぱっと見、丸くなっていてかわいく見えるのですが、ほのぼのとながめているあいだに、どんどん状況《じょうきょう》が悪化してしまいます。

ハリネズミは命の危険《きけん》を感じたとき、針《はり》を立てて体を丸めます。しかし、具合が悪くなると、丸まる力が弱まり、まん丸より少しゆるくなります。ハリネズミにかぎらず、ふだんならきゅっとしまって身を守っているはずの動物が、開いてしまっているとき、のんびりしていて気をゆるしてくれているように見えるかもしれませんが、すごく調子が悪いというサインなので、すぐに病院に連《つ》れていきましょう。

カメもハリネズミと同様、刺激《しげき》をあたえると手足と頭をこうらに引っこめたまま、動かなくなるのがふつうです。ぼくが診察《しんさつ》するときも、様子を見ようとしたら引っこんで何もできなくなり、飼《か》い主《ぬし》さんと話をしながら緊張《きんちょう》をといてくれるのをじっとまつことがあります。まつのはなかなか根気がいりますが、引っこむ分には、「まだそれだけの元気がある」とほっとします。ぎゃくに、手足をつついてもこうらの中に引っこまないとか、引っこめようとはするけどそのスピードがおそいときなどは、深刻《しんこく》な状態《じょうたい》。さっと緊張が走ります。

この「ゆるんでいる」というのは、ヘビの場合でも同じです。元気なヘビはたいていとぐろをまいているのですが、具合が悪くなると、とぐろがほどけてだらっとしてきます。また、ヘビは警戒心《けいかいしん》が強く、いつもはあまり人にすがたを見せません。ふだんすがたを見せないペットが見えるところにいるとき……何も知らないと、すがたを見られたことがうれしくなってしまいますが、全然《ぜんぜん》よろこぶべき事態《じたい》ではありません。カエルもそうですが、すぐに見つけられるようなところにいるということは、体が思うように動かなくなっているサインです。

先日、ぼくの家で何年も飼《か》っている、いつも木の上にいるヘビが、地面におりてきていました。そういえば、ここ三週間ほどえさを食べていません。ヘビなどのは虫類《ちゅうるい》は、一、二か月ご飯《はん》を食べないこともあるので、あまり気にしていませんでしたが、地面にいるすがたを見たとき、「やばい！」と思いました。

いつもより、だらっとしているような感じがしたのです。そのときは、ちょっとつついたらおどろいて木に登り、とぐろをまいていましたが、その後木からおりているのをたびたび目にするようになり、数か月後に死んでしまいました。

命の終わりを見とどける

少し前、十八歳《さい》になる高齢《こうれい》の犬が、血液《けつえき》を作れなくなる病気になり、一日おきに病院で輸血《ゆけつ》しているという話を聞きました。飼《か》い主《ぬし》さんは、「一日でも長くいっしょにいたい」と必死《ひっし》で、献血《けんけつ》に協力《きょうりょく》してくれる犬を、インターネット

で感動的《かんどうてき》な文章とともに募集《ぼしゅう》していました。文章に感動して、涙《なみだ》ながらに協力《きょうりょく》を申しでた人もいたようです。とてもうつくしい話ですね。でも、ぼくはその話を聞いたとき、複雑《ふくざつ》な気持ちになりました。

十八歳《さい》の犬は、人間でいえば百歳くらいです。血液《けつえき》を作れなくなる病気ということは、貧血《ひんけつ》でふらふらになり、頭がボーッとしているはずで、とても気分がいい状態《じょうたい》とは思えません。そんなしんどい体で、一日おきに病院に連《つ》れていかれて、針《はり》をさされて輸血《ゆけつ》をされている。そのおかげで一、二か月は長生きできるかもしれませんが、外を走りまわれるわけでもなく、ご飯《はん》をおいしく食べられる状態でもないでしょう。それは、その犬にとって、本当に「しあわせなこと」なのでしょうか。

飼《か》い主《ぬし》さんとしては、そこまでがんばって長生きしてくれれば、「やりきった」と達成感《たっせいかん》がわくかもしれません。でも、獣医《じゅうい》のぼくがいうのもおかしいかもしれませんが、命というのは、むりにがんばって延長《えんちょう》するものではないのではないかと思うときがあります。

先日、ぼくの病院に、足をひきずっている高齢《こうれい》のトイプードル、コロンちゃんが来ました。最初《さいしょ》は治《なお》る病気やケガかと思ったのですが、大学病院でくわしく調べてもらったところ、神経《しんけい》のガンが原因《げんいん》だということがわかりました。神経にできたガンは、手術《しゅじゅつ》ですべてをとりきることができません。大学病院では、放射線《ほうしゃせん》をあてる治療《ちりょう》と、薬を飲む治療をすすめられたそうです。

検査結果《けんさけっか》が出てから、飼《か》い主《ぬし》さんが「どう思いますか」とぼくに意見を聞きにきてくれました。おそらく飼い主さんとしては、ぼくに治療をはじめる背中《せなか》をおしてほしかったのかな、と思います。

でも、ぼくはあまり賛成《さんせい》できませんでした。提案《ていあん》された放射線の治療は、一週間に三回くらい全身麻酔《ますい》をする必要《ひつよう》があるので、体にすごく負担《ふたん》がかかります。薬のほうも副作用《ふくさよう》があり、体がしんどくなることはわかっています。

どちらの治療も、ガンが大きくなるのをおくらせてくれる可能性《かのうせい》はありますが、ガンが完全《かんぜん》に治ることは考えにくいです。それなのに、犬の体には大きな負担がかかる。ぼくはそれを説明《せつめい》し、最後に、「ぼくの犬なら、その治療はやらないと思います」とつたえました。

飼《か》い主《ぬし》さんは、その日は「もう一度、考えてみます」と言って帰っていきましたが、後日、よく考えた上で、治療《ちりょう》をせず、コロンちゃんとの残《のこ》された時間を大切にすごすことをえらんだそうです。

飼い主さんにとって、「治療をしない」という選択《せんたく》をするのは、つらいことでしょう。何もせずに弱っていくすがたを見るのは、苦しくてしかたがないと思います。それでも、コロンちゃんにとってどっちがいいのかを考え、この選択をした飼い主さんは、とても勇気《ゆうき》があると思います。

「なにもしない」が正解《せいかい》とはかぎらない

どんな状態《じょうたい》でも、治《なお》らなかったり高齢《こうれい》だったりすれば、治療をしないほうが正解なのかというと、そういうわけではありません。

先日、小学六年生の子が、飼っているモルモットを連《つ》れて、「おしっこするときに痛《いた》そうに鳴き、おしっこが血だらけになっている」と言ってやってきました。そのモルモットは六歳《さい》で、人間でいえば七十歳とか八十歳くらい。寿命《じゅみょう》が近づいています。この患者《かんじゃ》さんが来るのははじめてではなく、二年前に、乳《にゅう》ガンの手術《しゅじゅつ》をしています。検査《けんさ》のために体重をはかったら、二年前には一キログラムあったのに、そのときは四百五十グラムでした。体重が半分以下《いか》になっている、と聞くと、みなさんにもいかに弱っているかがわかるかもしれません。

「こまったなあ……」

ぼくは頭をかかえました。おしっこに血がまざるというのは、めずらしい病気ではありません。おしっこは、膀胱《ぼうこう》というふくろのような内臓《ないぞう》にいったんためられるのですが、その膀胱の中に石のようなかたまりができてしまう病気があります。このモルモットも、レントゲンをとったら案《あん》の定《じょう》、大人《おとな》の小指のつめくらいの大きさの石があるのがわかりました。四百五十グラムのモルモットにしてはずいぶん大きな石です。この病気は、人間にも多い病気なのですが、とてもおなかが痛くなり、おしっこをするときに、えもいわれぬ激痛《げきつう》が走ることで知られています。おそらくこのモルモットも、鳴かずにはおしっこできないぐらい、痛《いた》かったのでしょう。

血をとめるためには、手術《しゅじゅつ》をして石を出さなくてはなりません。でも、こんなに体重がへってしまっていては、手術の途中《とちゅう》に体力がなくなってしまい、死んでしまう可能性《かのうせい》もあります。それに、手術が成功《せいこう》したとしても、寿命《じゅみょう》も近く、長くは生きられない年齢《ねんれい》です。

大人《おとな》なら、手術中に死んでしまうといやな気持ちになるな、とか、手術代がかかってしまうなという考えが頭をよぎり、なかなか手術にふみきれないものです。その日は、子ども一人《ひとり》で来ていたので、病院でモルモットをあずかり、家でご両親に相談してもらうことにしました。

翌日《よくじつ》、お父さんが一人でやってきて、

「子どもから話を聞いて、手術をお願《ねが》いにきました」

とおっしゃいました。まよいのない口調で、ぼくもすぐに、

「わかりました」

と答えました。その子は、一晩《ひとばん》でお父さんを説得《せっとく》したのです。お父さんの表情《ひょうじょう》を見て、ぼくもすっきりした気持ちで手術《しゅじゅつ》にのぞむことができました。

手術はぶじに成功《せいこう》し、二日後にご飯《はん》を食べはじめ、おしっこも正常《せいじょう》な色にもどったのを見て、よかったなと思いました。でも、何週間か後、そのモルモットは亡《な》くなりました。

もしかしたら、手術をしたことで体力を消耗《しょうもう》してしまったのかもしれません。どっちのほうが長生きしたのかも、今となってはわかりません。でもぼくは、手術をしてよかったと思っています。

ご飯が食べられず、おしっこをするたびに痛《いた》い思いをする状態《じょうたい》から、ほんの数週間でも解放《かいほう》してあげられたのです。残《のこ》りの命を、少しでもおだやかにすごせたなら、手術をした意義《いぎ》を感じることができます。

治療《ちりょう》をするか、しないかは、むずかしい選択《せんたく》です。最後《さいご》まで答えはわかりません。でも、人間の気持ちや都合でなく、ペットにとってどうするのがいいのか、一生懸命《いっしょうけんめい》考える大切さを、この飼《か》い主《ぬし》さんに再確認《さいかくにん》させてもらいました。

飼《か》い主《ぬし》がすくった、たくさんの命

治療《ちりょう》以外《いがい》にも、飼い主さんの強い思いに助けられることがあります。

あるとき、元気だったはずの体長十五センチメートルのヒョウモントカゲモドキというヤモリの仲間《なかま》が急に調子をくずして死んでしまい、「解剖《かいぼう》をしてください」と連《つ》れてきた方がいました。人間の場合、死んだ原因《げんいん》をつきとめるために解剖をするのは、治療をする医者とはべつの解剖専門《せんもん》の医者です。しかし動物の場合は、そんなことも、同じ獣医《じゅうい》がやることがあります。

でも、解剖したからといって、必《かなら》ず死因《しいん》が解明《かいめい》できるわけではありません。とくには虫類《ちゅうるい》の場合、ペットとしての歴史《れきし》があさく、知られていない病気も多いため、わからない可能性《かのうせい》のほうが高いぐらいです。飼い主さんにはそのこともきちんとおつたえしたのですが、それでも、もしわかる可能性があるのならやってほしいとおっしゃったので、解剖させていただきました。

おなかを開けると、卵巣《らんそう》という臓器《ぞうき》がねじれて、血がたまっているのが見えました。はじめて見る症例《しょうれい》です。これが原因《げんいん》で死んでしまったのかまではわかりませんが、ほかの異常《いじょう》は見つけられなかったので、飼《か》い主《ぬし》さんにその通りにおつたえしました。

その一週間後、べつの飼い主さんが連《つ》れてきたヤモリが、病院にきてすぐに死んでしまう、ということがありました。聞いてみると、やはりとつぜん具合が悪くなったとのこと。原因をさぐるために解剖《かいぼう》してみると、なんとまた、卵巣がねじれていました。

「こんなことがかさなるなんて……」

ふしぎに思って過去《かこ》の症例を調べてみても、卵巣がねじれる病気の報告《ほうこく》はほとんどありません。ほ乳類《にゅうるい》では人と馬で見つかっていましたが、すごくめずらしいことのようです。は虫類だと、卵巣の病気にかかったイグアナの卵巣がねじれた、という例《れい》を見つけることができましたが、その一件《けん》だけ。元気だったヤモリに急に同じことが起こったのが引っかかり、印象《いんしょう》に残《のこ》っていました。

さらにその数週間後、急にえさを食べなくなって元気がない、というヤモリを連《つ》れた飼《か》い主《ぬし》さんがやってきました。は虫類《ちゅうるい》の病気は、ゆっくり進むことが多いので、急に調子が悪くなること自体、とてもめずらしいのです。「もしかしたら……」と思い、エコーでおなかを検査《けんさ》してみると、卵巣《らんそう》がはれています。

「今回も、ねじれているのかもしれない」

これまでの二件《けん》を考えると、一刻《いっこく》をあらそう深刻な症状《しょうじょう》です。急いで手術《しゅじゅつ》をすると、案《あん》の定《じょう》卵巣がねじれていました。卵巣は、卵《たまご》を作る臓器《ぞうき》です。とってしまっても命に別条《べつじょう》はありません。悪いところをとって手術を終えると、今度は元気になって飼い主さんのもとへかえすことができました。

「ヤモリは卵巣がねじれやすい」。今までだれも見つけられなかったことを、発見することができました。

この症例《しょうれい》を、獣医《じゅうい》の研究会で発表すると、「うちの病院でも同じケースが来て、手術がうまくいった」と、ほかの病院の獣医さんが報告《ほうこく》してくれました。

死んだペットの解剖《かいぼう》をしてほしいとやってきた飼《か》い主《ぬし》さん。具合が悪くなったのを見つけ、すぐに病院に連《つ》れてきた二人《ふたり》の飼い主さん。たまたまタイミングがかさなったことも大きいですが、かれらのペットを思う気持ちが、ほかの病院にやってきたヤモリの命までもすくったのです。

命にまっすぐに向きあう

ぼくたち獣医《じゅうい》は、毎日いろんなペットの命をあずかっています。すると少しずつ新鮮《しんせん》さがなくなり、まっすぐに目の前の動物を見る、ということがしづらくなってきてしまうことがあります。

ぼくはいつも後輩《こうはい》たちに、命に向きあうときは、「ピアノ線のようにまっすぐに」という言葉をつたえています。みなさんはピアノ線に直接《ちょくせつ》さわったことがあるでしょうか。さわってみると、ほんのちょっとふれただけで、いい音がひびきます。「強くて、まっすぐで、感度がいい」。それが、いい獣医になるために必要《ひつよう》なことだと思っています。自分や他人の感情《かんじょう》にふりまわされない強さ、思いこみにとらわれず、目の前の動物を見つめるまっすぐさ、小さなことにも気づく感度のよさが、とても大切なのです。

まっすぐに見る、というのは、案外《あんがい》むずかしいものです。自分が知っていること、経験《けいけん》してきたことで、わかったつもりになっていると、肝心《かんじん》なことを見おとしてしまいます。ぼくにとって何千匹《びき》目、何万匹目かの動物でも、飼《か》い主《ぬし》さんにとっては、たった一匹の大切なペット。子どものとき、夢中《むちゅう》になって観《かん》察《さつ》したように、どんなに経験をつんでも、かわらずまっさらな気持ちで動物を見ること。それがぼくの、命への向きあい方です。

命を飼《か》う、ということ

ぼくは、ペットを飼う人が、そのペットのためにむりをしてはいけないと思っています。自然界《しぜんかい》から連《つ》れてこられたものはともかく、人間のペットとして売られているものの多くは、人間をいやすために、あるいは人間の興味《きょうみ》を満《み》たすために繁殖《はんしょく》させた、「つくられた命」です。そのペットのために、人間の生活がなりたたなくなってしまっては、ペットはペットの役割《やくわり》をはたせていないことになってしまうと思いませんか？

治《なお》せない病気もある。整えきれない環境《かんきょう》もある。不注意《ふちゅうい》で死なせてしまうこともあるし、最上級《さいじょうきゅう》のえさをあたえつづけられるわけでもありません。それでも、できる範囲《はんい》でペットのことを思いやってやればいい。自分のご飯《はん》をがまんしてペットにえさをやる必要《ひつよう》もないし、自分のねむる時間をけずって、毎日そうじをする必要もない。手術代《しゅじゅつだい》がはらえないときに借金《しゃっきん》をして手術する必要もないと、ぼくは思っています。どこかであきらめなければ、人間のほうがたおれてしまいます。

でも、その気持ちと同じぐらい強い気持ちで、あきらめてほしくないこともあります。それは、「最後までめんどうをみる」ということです。これは、生きものを飼《か》う上での、大原則《だいげんそく》です。

生きものは、決して人間の思いどおりにはなりません。どんなにかわいがっても、なれてくれないということだってあります。とくに、人間にペットとして飼《か》われてきた歴史《れきし》が長くない動物たちはおくびょうなことが多く、さわられるのをいやがる動物がたくさんいます。人間に見られることすら落ちつかなくて、すがたを見せてくれない動物も多いです。

犬やねこは比較的《ひかくてき》飼いやすい動物ですが、中にはとてもこわがりで、びっくりすると飼い主さんでもかんでしまうくせがあるものもいます。決して飼い主さんの愛情《あいじょう》が足りないわけではありません。そのペットの性格《せいかく》なので、なかなかなおることはありません。そんなとき、飼う前に夢《ゆめ》見ていたような生活ができなくても、見はなさないでほしいのです。

飼い犬が大きな声でほえてご近所さんに迷惑《めいわく》をかけても、飼いねこが家のかべでつめをといで、ボロボロにしてしまっても、ペットを飼いはじめた以上《いじょう》、そのペットの命は、飼い主が見まもっていくしかありません。飼い主が世話をすることを投げだした瞬間《しゅんかん》に、その命は路頭にまよってしまうからです。

死を見とどける自信《じしん》

ペットは元気いっぱいで、調子がいいときばかりではありません。病気になれば病院に連《つ》れていかなくてはなりませんし、どんなにかわいそうで見るのがつらくなっても、元気のない様子を見なくてはならないこともあります。

そして多くの動物は、人間よりもずっと早く、歳《とし》をとっていきます。病気になったり歳をとったりして足が立たなくなったときには、うんちをするのを助けてあげたり、うんちでよごれてしまった体をふいてやったりするのも、飼《か》い主《ぬし》さんがやってあげることです。それをしてやれるという気持ちがあってはじめて、命を飼うことができると、ぼくは考えています。

最後《さいご》にもう一度、「終わり」の話をしましょう。多くの人にとって、ペットが病気になったり、死んでいくのを見ることは、とてもこわくて不安《ふあん》だと思います。でも、たくさんの死を見てきたぼくから、みなさんにつたえたいことは、

「死」は悲しいことでも、こわいことでもない、ということです。

みなさんはまだ、死を身近に感じる機会《きかい》がないかもしれません。でも、これから必《かなら》ず、その日はやってきます。ペットかもしれないし、大切な人かもしれません。元気なときにはそんなことは思いもしませんが、どんな動物も歳《とし》をとると、目が白くにごったり、小さくヨボヨボになったりしていきます。えさをあまり食べなくなり、やせ細っていきます。それは、だれにもとめられません。命の残《のこ》りが短いことを感じると、「もっと何かしてやれるんじゃないか」という気持ちになってきます。あのときこうしてあげればよかった、ああしてやればよかったという気持ちに、おしつぶされてしまう人もいます。でも、死に向かっていく動物と向きあうことを、おそれる必要《ひつよう》はありません。

この本を最後《さいご》まで読んでくれたみなさんには、命を飼《か》うことに自信《じしん》と責任《せきにん》を持ってほしいと思います。それは、少しでも長生きさせてあげられる、という自信ではありません。ほかの人より動物のことを知っているぼくにだって、そんな自信はありません。ぼくが自信を持っているのは、むしろそのぎゃく。命は終わっていくもので、人間の力でひきのばせるものではない、ということを、きちんと受けとめる自信《じしん》です。

少しずつ毛のつやがなくなっていっても、トイレにおしっこやうんちをできなくなっても、息をするのも苦しそうなすがたを見ることになっても、それらをきちんと受けとめて、最期《さいご》をしっかりみとってあげてください。それが、命を飼《か》うということだと、ぼくは思います。

あとがき

たくさんの本の中から、ぼくの本をえらんでくれて、そして最後《さいご》まで読んでくれてありがとうございます。いろいろなエピソードの中に、ぼくが日ごろ大切だと思っていることをこっそりしこんでおきました。わかりましたか？

一つ目は「好《す》きなことを続《つづ》ける」こと。サッカーでもピアノでも、アニメでも将棋《しょうぎ》でも釣《つ》りでも、どんなことでもかまいません。まわりをわすれるくらい夢中《むちゅう》になってください。一番にならなくてもだいじょうぶ！　続けることが大切です。いつかそれが、あなた自身の力になると思います。

二つ目は「自分で考える」ということ。これから将来《しょうらい》に向かっていくと、いろいろな問題にぶつかると思います。そのときには、もちろんだれかに相談することも大切ですが、一番大事なことは、自分で得《え》た情報《じょうほう》を使って、自分の頭で考えて正解《せいかい》を探《さが》したり、自分で答えを作ったりしていくことだと思います。

三つ目は、生きものにはすべて、うまれると同時に寿命《じゅみょう》があり、どんなに医《い》療《りょう》が発展《はってん》しても、一生懸命《いっしょうけんめい》おいのりをしても、必《かなら》ず終わりがくる、ということです。終わりがあるとわかっていれば、大切なペットに「今」何をしてあげられるのかを考えることができます。ペットだけでなく、自分も、大切な人も、いつか死んでしまう日がくると思っていれば、「今」を大切にすごそうと思えるかもしれません。

この三つは、ぼくが大人《おとな》になってやっと気づいたことです。これから、長い人生を生きていく中で、みなさんがこのことをおぼえていてくれたら、これほどうれしいことはありません。

二〇一七年八月　田向健一《たむかいけんいち》

田向健一（たむかい・けんいち）
1973年、愛知県生まれ。麻布大学獣医学部卒業。幼いころから動物が大好き。昔も今も、いろいろな生きものとくらしている。動物病院を開くときに、どんな動物でもみる努力をしようと決めて、犬、ねこからウサギやは虫類、はたまたサルやアリクイなど、今までに治療した動物は100種類以上。いつのころからか「珍獣ドクター」とよばれるようになった。
著書に『珍獣の医学』（扶桑社）、『珍獣病院　ちっぽけだけど同じ命』（講談社）、『生き物と向き合う仕事』（筑摩書房）などがある。

ポプラ社ノンフィクション28　～動物～
珍獣ドクターのドタバタ診察日記
動物の命に「まった」なし！

2017年 8 月　第 1 刷
2025年 1 月　第14刷

著　者　田向健一
発行者　加藤裕樹
発行所　株式会社ポプラ社
〒141-8210　東京都品川区西五反田3-5-8
JR目黒MARCビル12階
ホームページ　www.poplar.co.jp
印　刷　共同印刷株式会社
製　本　株式会社若林製本工場

ISBN978-4-591-15519-6　N.D.C.916　174p　20cm

P4047028